Hunlian Zhinan Nianqing Jialü 100 Wen

婚恋指南
——年轻佳侣100问

陈一筠　陶　林◎编著

中山大学出版社
SUN YAT-SEN UNIVERSITY PRESS

·广州·

版权所有 翻印必究

图书在版编目（CIP）数据

婚恋指南：年轻佳侣100问/陈一筠，陶林编著. —广州：中山大学出版社，2015.11

ISBN 978-7-306-05465-4

Ⅰ.①婚… Ⅱ.①陈… ②陶… Ⅲ.①婚姻—社会心理学—青年读物 ②恋爱心理学—青年读物 Ⅳ.C913.1-49

中国版本图书馆CIP数据核字（2015）第236014号

出 版 人：	徐 劲
策划编辑：	金继伟
责任编辑：	杨文泉
封面设计：	曾 斌
责任校对：	王 璞
责任技编：	何雅涛
出版发行：	中山大学出版社
电　　话：	编辑部 020-84110771，84110283，84113349，84111996
	发行部 020-84111998，84111981，84111160
地　　址：	广州市新港西路135号
邮　　编：	510275　传　真：020-84036565
网　　址：	http://www.zsup.com.cn　E-mail：zdcbs@mail.sysu.edu.cn
印 刷 者：	广州家联印刷有限公司
规　　格：	787mm×1092mm　1/16　11印张　165千字
版次印次：	2015年11月第1版　2015年11月第1次印刷
定　　价：	29.00元

如发现本书因印装质量问题影响阅读，请与出版社发行部联系调换

自 序

创造幸福美满的婚姻

　　文明时代的婚姻在个人生活中与社会生活中具有的重要意义，使人们对它有着经久不衰的兴趣。文学家、哲学家、社会学家、心理学家、教育学家都在饶有兴趣地研究与评说爱情和婚姻，并且试图总结出幸福婚姻的"秘诀"。其实，夫妻共同创造的幸福婚姻，各有各的色彩，并非千篇一律；不同时代的幸福婚姻，其内涵也不完全相同。现代社会的婚姻幸福，根据多数人的理解与希望，至少不应缺失如下基本内涵：真诚相爱、共同成长；由于双方结合而更有能力去面对和战胜生活中的困难与坎坷；夫妻志同道合，互相尊重、相互包容和相互帮助，懂得谅解和体贴；角色分工灵活，在家庭内外配合默契；患难与共，风雨同舟，矢志不渝，把婚姻的航船驾驭到幸福的彼岸。

　　幸福的婚姻是两个人健康人格力量的凝聚，它既不是上帝的恩赐，也不是浪漫激情的奇葩，更不是口头上山盟海誓的成就，而是夫妻双方用心经营、长期努力创造的丰硕成果。

　　如果一男一女在法律上结成了夫妻，但各自都想保持原来的那个"自我"，试图"我行我素"，一味追求个人自由，那就不可能有幸福的婚姻。诚然，个人自由在婚姻中应有某种程度的体现，但要知道，作为夫妻，双方都必须用相当一部分个人自由去换取彼此的亲近和永久的陪伴，从"我"走向"我们"。这个过程会有纠结、挣扎甚至痛苦，这是成就幸福婚姻的必要代价，不付出代价的幸福婚姻是不存在的。

此外，婚姻伴侣还必须意识到，结婚不仅仅意味着享受两个人的幸福，夫妻还要与周围世界保持和谐，对双方的亲朋好友做出贡献，能够在更广阔的关系中去享受夫妻之爱。

择偶是走向幸福婚姻的起点，当事者必须对此格外慎重。选择婚姻配偶有着多重含义：一个人在选择婚姻配偶时，既是在选择个人的终身伴侣，又是在为后代挑选优秀的前辈，为未来的家庭选择良好的心理环境。通过择偶，既选择了自己未来的情感、文化、精神层次、审美情趣和道德情操所能达到的高度，又选择了事业与人生的一个志同道合的伴侣，既选择了家庭环境，又选择了朋友关系；通过择偶，一个人既可能施展自己的聪明才智，又可能扼杀自己的理想抱负，既可能完善自己的人格，又可能扭曲自己的个性。任何社会制度和条件，都不可能从外部保证个人的婚姻幸福，唯有当事者双方的共同努力，才是婚姻幸福的决定因素。审慎择偶便是这种努力的第一步。

自 序

爱情是构建幸福婚姻的基石。尽管人们对爱情的理解各不相同,但有一点是大多数人都赞同的,即爱情既不能用金钱购买,也不可用名誉和地位交换;爱情是双方相互欣赏、相互承诺、相互珍惜、相互扶助的体验和行动,是男女之间最强烈、独特而持久的感情。爱情的美好和宝贵价值并不在于其中的性欲望,爱情把自然欲变成男女心灵融合的独特要素;婚姻则是双方心灵融合的持续和巩固。纯真的爱情与性欲满足永远不是一回事,爱情不仅要求一个人有健康的体魄,而且还要求具有一定的知识智慧、责任担当、美学修养和道德意志。

"矢志不渝,把婚姻驾驭到幸福的彼岸",这个目标对于现代夫妻来说,是很高的道德要求。除了因为夫妻关系调适本身的复杂性之外,还因为现代人的寿命大大延长,对那些可望活到八九十岁的夫妻来说,意味着要与同一个伴侣在一起生活五六十年甚至更长久,这不是件容易的事。的确,幸福婚姻是一条漫长的生活道路,走完这条路需要勇气、需要耐心和劲力。

此外,幸福的婚姻是一个经营过程,幼稚期、成长期、中年期、老年期每一阶段都有其特殊的要求和压力,需要夫妻双方做足功课增添新的觉悟、新的智慧、新的调适艺术。一对夫妻要成功地经历婚姻的全部过程,他们自身就必须随着这一过程而成长;夫妻每个阶段的成长,都奠基着下一阶段的幸福。婚姻的这种动态性,显然容不得取巧与怠惰。还必须明白，婚姻也不可能改变一个人的基本品性。如果以为结婚会创造奇迹，会把自己和对方变得完美无缺，那也不切合实际。夫妻双方在婚姻发展过程中的"成长"，并不具有"脱胎换骨"的改造意义。因此，双方在过去的成长环境中所具备的人格素质基础，对日后婚姻的幸福有着至关重要的意义。

总之，婚姻幸福是每一对走向婚姻殿堂的男女所期盼的，但若不具有关于婚姻生活的起码知识、充分的心理准备、足够的调适智慧与应对困难的决心、勇气和能力，以及在此基础上的用心经营创造，原本的期盼就不可能变为现实。

借助这本手册，我们衷心祝福年轻佳侣们创造和享受终生幸福美满的婚姻！

陈一筠　陶　林

2015 年 9 月 19 日

目 录

第一篇　恋爱择偶之路：你曾怎样走过 / 001

1. 何谓爱情 / 003
2. 外貌吸引不是爱情 / 004
3. "坠入情网"不是爱情 / 006
4. 依赖不是爱情 / 007
5. 爱情是"化学反应"吗 / 009
6. 嫉妒是爱情专一的体现吗 / 010
7. 怎样看待恋人的谎言 / 012
8. 初恋情结为何令人刻骨铭心 / 014
9. 什么是爱人最重要的期待 / 015
10. 爱情有制约性吗 / 017
11. 婚姻是爱情的坟墓吗 / 018
12. 自由择偶风险何在 / 020
13. 浪漫爱情可以保证婚姻幸福吗 / 021
14. "门当户对"还有道理吗 / 023
15. 性格影响婚姻吗 / 025
16. 怎样看待"阴盛阳衰" / 027
17. 婚姻幸福与年龄有关吗 / 028
18. 挑选配偶：重在"物质"还是"精神" / 030
19. 择偶有哪些心理误区 / 031

20. 为什么说择偶是选择一种"原材料"／032

21. 何必"试婚"／034

第二篇　新婚蜜月，你怎样安排／037

22. 登记结婚的法律要求是什么／039

23. 哪些情况在法律上是禁止结婚的／040

24. 婚前检查重要吗／041

25. 完婚的程序有哪些／042

26. 婚前辅导有必要吗／044

27. 举行婚礼有何意义／045

28. "度蜜月"怎样安排为好／047

第三篇　夫妻性生活，你知道多少／049

29. 新婚期的性生活要注意什么／051

30. 什么是"性反应周期"／052

31. 处女膜能代表"贞操"吗／053

32. 夫妻性生活时，妻子有何期待／054

33. 女性的性高潮体验是什么样／055

34. 当配偶对性生活不感兴趣时，应该怎么办／056

35. 丈夫延长射精很重要吗／057

36. 男人也会缺少性高潮吗／058

37. 夫妻性生活有什么方法技巧可学吗／059

38. 婚姻是性爱的天堂吗／060

39. 怎样认识自慰（即手淫）／061

40. 新婚期很容易发生丈夫早泄吗／062

41. 男性对早泄的误解／063

42. 女性对早泄的误解 / 065

43. 丈夫做爱时间长短很重要吗 / 066

44. 什么是"春药" / 067

45. "伟哥"是不是"春药" / 068

46. 性高潮未必要同步 / 069

47. 性交时间应该多久才好 / 070

48. 妻子月经期可以过性生活吗 / 071

49. 怀孕期和产褥期要节制性生活吗 / 072

50. 妻子的性高潮障碍有哪些原因 / 074

51. 妻子哺乳期的性生活 / 077

52. 存乎于心的性和谐 / 078

53. 婚姻不是满足性欲的"天堂" / 079

54. 重视性安全,预防性疾病 / 081

第四篇 万事俱备生宝宝 / 083

55. 天伦之乐与亲情 / 085

56. 学习优生优育知识 / 085

57. 怀孕,你准备好了吗 / 087

58. 重视优生与遗传 / 088

59. 关于避孕 / 089

60. 新生命的孕育——生男生女谁决定 / 095

61. 妊娠期及其保健 / 097

62. 新生儿的出世——分娩 / 099

63. 母乳——婴儿的最佳食品 / 100

64. 什么是产后抑郁和产后抑郁症 / 101

65. 产后抑郁症有何征兆 / 102

66. 产后抑郁症如何治疗 / 103

67. 母性与母爱 / 105

第五篇　出生缺陷及其预防 / 107

68. 什么是出生缺陷 / 109

69. 怎样预防和干预出生缺陷 / 109

70. 哪类人需要遗传咨询 / 110

71. 有遗传疾病风险的当事者有哪些可能的选择 / 111

72. 什么是地中海贫血，如何预防 / 111

73. 地中海贫血有哪些预防和干预措施 / 112

74. 什么是 G6PD 缺乏症，如何预防 / 113

75. 什么是先天性心脏病 / 114

76. 先天性心脏病可以预防吗 / 116

77. 什么是神经管畸形，如何预防 / 116

78. 什么是先天愚型，如何预防 / 117

第六篇　关于儿童早期教育 / 121

79. 什么是儿童早期教育 / 123

80. 儿童早期教育有何理论依据 / 124

81. 我国有哪些促进早教的研究成果值得学习 / 125

82. 儿童早期教育有哪些层面 / 126

83. 儿童健康有哪些标准 / 128

84. 为何 0～3 岁儿童的早期教育最关键 / 129

85. 教育 0～3 岁幼儿要注意哪些方面 / 130

86. 自幼培养孩子的音乐能力重要吗？为什么 / 132

87. 为何音乐能力对于 0～3 岁幼儿更为重要 / 133

88. 对 0~3 岁儿童有哪些具体的教养内容呢 / 134

第七篇 婚姻，你会经营吗 / 139

89. 从"自我"到"我们"——婚后生活的第一道难关 / 141

90. 夫妻"AA 制"应当慎行 / 143

91. 抚育幼龄子女期间的夫妻关系调适 / 143

92. "丁克族"生活方式不宜效法 / 145

93. 性别角色与男女平等 / 146

94. 夫妻性爱，不可怠慢 / 149

95. 夫妻有隐私权吗 / 151

96. 父亲角色缺失与父爱饥渴症 / 152

97. 夫妻吵架，约法三章 / 153

第八篇 姻亲相处，你准备好了吗 / 157

98. 认识血缘关系与姻缘关系的差异 / 159

99. 处理好婆媳关系 / 160

100. 处理姻亲关系应把握的原则 / 161

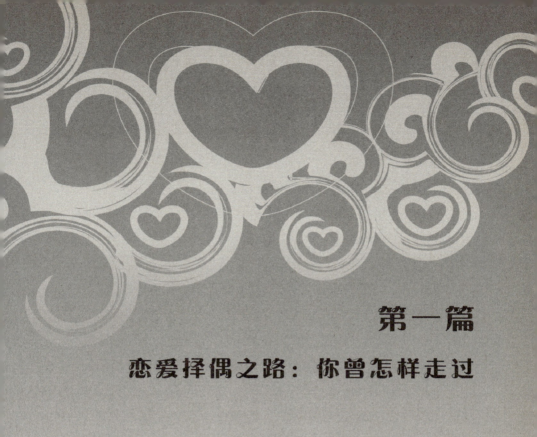

第一篇

恋爱择偶之路：你曾怎样走过

第一篇 恋爱择偶之路：你曾怎样走过

1. 何谓爱情

每一对佳侣，都渴望以婚姻来承载和见证美好的爱情。然而，爱情究竟是什么呢？

两性之间的爱情包含着丰富的内容，各种成分丰富多彩地融合在一起，其中既有本能的欲望和冲动，又有人类崇高的情怀和理性；既有自发性，又有自觉性；既有奔放，又有克制。爱情是激情、理智、责任感和精神力量的体现，是两个人生理、心理、美感、承诺和信仰的结晶。

我们可以把人类两性之爱分为四个层次：第一是生理的层次，即男人和女人的性欲求。在这一层次上，人和动物并无本质上的差别，可供满足生理欲望的对象何其多，无需刻意选择。第二个层次是审美，即在众多可满足生理需求的对象中，根据自身的审美标准加以比较，挑选出自己更为欣赏的一位，这就比动物高级了，但可资欣赏的俊男美女何其多，且不断涌现，仍然难以达到"排他"和"专一"。第三是道德责任的层次，即在自己觉得"优美"（包括外在美和内在美）的对象中，最终决定和其中一位建立爱情关系，即彼此确定一种特殊的身份和承诺一份长久的责任。在这一层次上，人和动物才从根本上区别开来，才可做到"专一"和"排他"。最后还有精神上的层次，即两人都有了"同船共渡便是缘分"的坚定信念，下定决心"相互拯救去度过一生一世"，从而心心相印，同舟共济，不离不弃，矢志不渝地将爱情的航船驶向幸福的彼岸。

当然，爱情的丰富内涵并不是每对恋人一开始就能完全彻悟和把握的。爱情是伴侣之间一种动态的成长和发展着的关系，甚至需要双方用毕生的努力去品尝、领悟、丰富和享有。

难怪，美国著名心理学家司各特·帕克这样说："爱是一种意志，即决意为达到自身的精神成长和为另一个人的精神成长的目的而奉献自己。"他认为，爱是一种为超越自身局限性的努力，不可能是不经奋进而达到的。爱既不是被迫的，也不是随心所欲的，而是调动意志力去培育的情感，爱又是一种由意志参与的行动。此外，爱包含爱自己和爱别人，因为都是人类，自己是人类的一员，所以，如果连自己都不爱，就不可能爱别人。苏联教育学家苏霍姆林斯基说："爱情不像在花园里采花那样享受，而像是自己去辛勤地开辟一个花园，栽培美丽的花朵。"这就是说，爱是一种创造，爱情需要耕耘才能结出果实。心理学家弗洛姆也说过："爱是一种艺术，它需要知识、智慧和精心创作。"他强调爱的理性方面，如责任感、宽容、给予、关怀、尊重、理解等。

因此，那首歌《老鼠爱大米》，实在是误导的和搞笑的，不可当真。

年轻的爱侣们，回头审视一下，你们的爱情究竟富有什么样的色彩呢？

2. 外貌吸引不是爱情

爱情之火是由双方的外貌吸引、感官刺激、共同情趣、身心需要等多种力量而点燃的，其中，外貌的吸引力往往是在双方审美追求中男女相爱的先导。有了这种"美"的吸引，两人才有可能接近，从而去发展情感的、心理的和精神层次的爱。通过这种爱，双方不仅得到感情满足，而且感受到自己在对方心目中的重要性和在社会关系中的价值，以增加自信心，从而得到心理上的满足。

然而，过于注重外貌的吸引力，可能妨碍双方进一步去认识对方的心理世界和内在品格，使彼此不能建立真正的亲密关系。久而久之，会产生"审美疲劳"，因为再美的偶像，久视后也不再觉得新鲜和富有神秘感了，从而失去继续欣赏的兴趣。外貌吸引的确是爱情关系中的一个特殊成分，但仅仅是这一成分本身，并不能证明爱情的存在，因为随着个人的成熟，外貌吸引就将与各种其他因素结合在一起，成为一种深层的接纳、依恋、牵挂、关心、需要、同情甚至亲情等情感。此时，外貌的吸引就显得不那么重要了。

我们知道，青春期的孩子就有了吸引异性的外貌特征即"第二性征"，也有了亲近异性的欲望。这时的男女交往无疑有助于满足自然的性心理渴求。如果少男少女在青春期的自然交往受到家庭、学校的过多限制，那么，被压抑的性心理就日益趋向一种"性饥渴"状态。青少年"熬"到十八九岁或更晚一点，稍有了自由交往的机会和环境，就可能饥不择食地将满腔激情宣泄给第一个外貌上吸引了自己的异性。其实，这时的男女，完全可能被任何一个外貌美丽的异性征服，即所谓"一见钟情"。这种感情，至多可以算做"坠入情网"，而不是爱。坠入情网的一个重要驱力，就是强烈的性动机。

某些轻率行事与快速结合的伴侣，相当一部分人是在性的迷恋与性动机的驱使下所为，急于过合法的性生活以获得性的生理和心理满足，是他们结婚的主要动机。由于把性吸引等同于爱

情,把伴侣关系降低为性伙伴关系,所以彼此之间并无深厚而牢固的感情纽带,爱情终因没有良好的基础和持久的维系力而渐行渐远。

3. "坠入情网"不是爱情

人们对爱的一个最大的误解就是以为"坠入情网"就是爱或者至少是爱的表现。这一误解之所以有如此强大的影响力,是因为坠入情网是主观体验到的一种酷似爱的感觉。当一个人坠入情网时,他(她)当然就觉得"我爱她"或"他爱我"了。但这里有两个明显的问题。第一,坠入情网的体验是与性相关联的一种特殊感性体验。例如,为什么一个母亲即使深深爱着自己的儿子但却难以与儿子坠入情网呢?人们一般也不会与同性朋友坠入情网,除非是同性恋者。只有当双方有性动机时,才会坠入情网,这种性的动机可能是有意识的,也可能是无意识的。第二,坠入情网的体验均是短暂的,无论与什么样的异性坠入情网,迟早都会破网而出。这并不是说你肯定不再爱那个与你坠入情网的异性,而是说你的激情体验总会过去,浪漫的花朵总有凋谢之时。

坠入情网这一现象的本质就是突然冲出自我的界限,顿时把自己的一切完全交付给了另一个人,彼此之间毫无界限感,觉得两个人就像一个人那样,一时间无比兴奋、陶醉。

从某种意义上说,"坠入情网"好似一种"还童"现象:与相爱的人在一起的感觉,酷似当初婴儿与母亲在一起的感觉,是那样无忧无虑、安全、踏实;同时还觉得,两人在一起便无所不能，无往不胜。于是，坠入情网者相信，性爱的力量可以驱散黑暗、创造光明，一切困难和问题都被抛到九霄云外了。其实，这种感觉的不真实性就像一个两岁孩子的错觉那样。相爱的双方迟早要面对真实的生活，总会在内心深处发现彼此的差异、分歧、矛盾，先前的"自我"疆界有时是突然地消失、有时是悄然地复原，情网也就到此破裂了。此时，双方要么彻底割断其感情纽带，要么面对现实，努力去建设一种真正的爱的关系。

所谓"真正"的爱，是对于坠入情网的"虚假"的爱而言，后者只是一种特定情景下的主观感觉和幻觉而已。真正的爱并不是植根于爱的感觉之中，相反，它经常存在于那种意识不到爱的情况下。例如，我们为所爱者做出各种充满爱心与关怀的事情，但并不是在意识到爱的情况下去做的，或者说，我们做出这些真爱的行动时，在感觉上并没有"坠入情网"时的那种冲动与激情。

从性的意义上看，坠入情网包含着性欲本能的驱使和对方外貌对感官的吸引，这种情和爱都不可避免地浅薄而短暂。这也是为什么今天如此众多的男女当初如痴如醉地坠入情网，随之又如梦初醒般逃离情网，很难在云山雾罩般的情网之中去建立持久而幸福的伴侣关系。

4. 依赖不是爱情

对爱情的另一个普遍的误解就是把依赖当做爱情。把依赖误为爱情的人，常常这样感觉或诉说：没有他（她）我就活不下去了。其实，这是一种"寄生主义"，即一个人靠另一个人的存在而活着，没有了对方就没有了一切。这种人是没有选择的，没有自由的，没有自我的，没有意志的。对方的风吹草动都能震撼他（她）的人生。这哪里是爱？这分明是在抓住一根救命稻草而已。在现实生活中，越是这样的"爱"，就越是脆弱，随时有崩溃的可能。想想你把对方仅仅当作一根救命稻草，仅仅是你离不开对方，怎能称为"爱情"呢？这不过是一种奢求而已。真正相爱的两个人，是经过选择而决定生活在一起的，各自都有独立存在的价值，不会紧紧抓住对方不放，尊重彼此的独立性，不断地将自身的价值支付于共同的关系之中，贡献于对方的成长之际。

　　依赖是一种软弱和不自信的表现，是一种不确定感的反映，即不知道对方是否真正在乎自己。对于健康的成年人来说，处在强烈依赖关系中，可能是一种心理病态，是人格障碍。这不同于人们通常的依恋感或信赖感。在日常生活中，无论一个人多么成熟，多么年长，多么强有力，仍会有不同程度的依恋或信赖他人的感觉，有被别人关怀、照顾的愿望，都希望得到呵护。但区别在于，对正常健康的成年人来说，这种愿望和感觉并不足以主宰他们的生命与生活，不决定他们活下去与否。一旦依恋与信赖感变成主宰一个人命运的决定因素时，这个人就成了依赖的牺牲品。这样的人总是拼命地寻求被爱，根本没有能力去爱别人。他（她）酷似一个挨饿的人，饥不择食地吞噬一切食物，不愿与别人分享。这种人，好像有一个填不满的胃，无论多少食物下肚仍觉不饱。这种人，总觉得自己情感匮乏，心理饥渴。他（她）难耐寂寞，因为缺少自我价值，只有附着在别人身上时，他（她）才能感到自己的存在，这样，他（她）简直就成了别人的

"影子"。这种无度的依赖可能把爱情和婚姻变成枷锁、牢笼。那么,谁愿意生活在爱的牢笼中呢?

其实,依赖既扼杀了自己的独立性,又限制了对方的人格自由。两个不自由的人在一起,能得到爱情和幸福吗?总之,依赖不是爱。依赖是出于情感饥渴、贪求满足与索取无度。依赖者不能给对方真正的爱,依赖只能使人幼稚,使人懦弱、懒惰,不能促进成长和成熟。依赖最终会毁灭依赖者与被依赖者之间的关系。

5. 爱情是"化学反应"吗

有位网友称:"浪漫激情才叫爱情。天长地久叫亲情,而不是爱情了。"另一位网友称:"从化学的角度说,爱情 = 多巴胺 + 苯乙胺 + 催产素;而大脑对这种物质产生抗体只需要 30 个月,因此爱情的保质期为两年半,所以才有三年之痒的说法。"因此他问:"能否开发某种药物,或注射某种制剂,以延长爱情的'保质期'?"可见,两位网友都在质疑爱情的生命力。

如前所说,浪漫激情还不是爱情,所以它一闪即逝,脆弱短暂。如果相爱双方在捕捉到浪漫激情后,便决心培育它、加固它、延伸它,于是就用心做功课,使其在岁月的历练中不断升华,从激情、爱情发展到亲情、恩情,那你就有资格宣称,你真正拥有爱情了。这绝不是一个懒汉、懦夫可以做到的事,也不是一朝一夕的功夫。其实,爱情是激情之后的友情 + 亲情 + 恩情,是一对男女从相识、相知到相爱、相伴、相守的真情挚爱,它天长地久,牢不可破。当然,那些根本不期待爱情长久,更不盼望亲情永恒，而只求激情迷离、一闪而过的游玩者，也有他们的自由，但他们无权否定爱情的真谛。

由浪漫激情调动的心理能量，刺激大脑分泌"爱情吗啡"——多巴胺、苯乙胺，这样的生化反应已被某些人滥用来对"爱情"进行物质化解释；而且这种解释又有多种版本，都称是人生中的瞬间。那些被这种所谓"物质科学"的神话所征服的人们，自然不相信爱情有"天长地久"的力量。

然而，哲学家、心理学家、社会学家、伦理学家——这些非物质科学领域的专家，对人类的爱情进行了千百年的研究，发现爱情确实有其物质基础，那就是人体内的生理与化学反应；但人性中毕竟还有更丰富的反应，那就是审美的、心理的、道德价值的和精神文化的反应。因此，当爱情在其物质基础上开始之后，就被人的智慧、理性和意志力推入了更高级的层次，从而完成爱情发展与成熟的全部生命周期。正是这样的爱情，支撑着天长地久的伴侣关系，就不是"化学反应"能够解释的了。

6. 嫉妒是爱情专一的体现吗

爱情总是与嫉妒相伴随的，这就是爱情的排他性所在。有人说，嫉妒这东西，在人类历史上存在的时间最悠久，在人类进化过程中得到的改造最少。有人赞美嫉妒心是爱情炽烈和专一的体现，也有人诅咒嫉妒心是枯萎的爱情投射出来的阴影。简直是众说纷纭，莫衷一是。不管怎么说吧，爱情所到之处，都可发现嫉妒如影随形。

男性和女性究竟谁的嫉妒心更强呢？从先人造字的形义上判

断，想必是女人更易嫉妒，不然，为什么两个字都用"女"旁？然而，从心理学上看，嫉妒心与先天的性别并无必然的联系。不过，从现实生活中看，女性表现出嫉妒心的地方似乎多一些，这是由于几千年男性中心主义的社会历史，使女性长期处于依附男人的地位，从经济上的依附到心理上的依赖所致。女性对男性表现出更为专一独占的倾向，生怕所爱的男人被别人夺走。即使在今天，女人的嫉妒心理中仍残留着旧时代的阴影。如果说女性的嫉妒心来自于不安全感，那么男性的嫉妒心却来自于自尊心的受损。

  因此，嫉妒心理，在男性和女性身上的表现方式似乎有所不同。男人总是强制自己不要表现出嫉妒心来，以免被人讥笑为"小男人"。为装出"大丈夫"的宽宏大量，男人即使在妒火中烧时也是采取"旁敲侧击"的方法，不直接提及嫉妒的理由和对象。而女人呢？则总是赤裸裸地把嫉妒之火引向情敌。于是人们就看到，在三角恋爱的关系中，总是发生两个女人之间的战争。这种情形，结婚后表现得更加明显。妻子在发现丈夫有外遇时，总是去责怪和羞辱"第三者"，觉得她威胁着自己的婚姻的安全；而丈夫发现妻子有外遇时，则总是把愤怒向妻子发泄，认为妻子丢了他的脸，伤害了他的自尊，有损于他的形象，宁愿把妻子抛掷给情敌，也不会在另一个男人面前去兴师问罪而进一步丢失面子。日本的一位心理学家在总结这种现象后指出：在爱情问题上男女同样有嫉妒心，但对女性来讲是出于"安全感受到威胁"，而对男性来讲，主要是感到"自尊心受到损毁"。当女性不能确信对方的爱，从而感到不安全时，就会产生嫉妒；而男人的嫉妒中所包含的自尊心成分甚至超过爱情。丈夫最不愿意妻子

当众夸奖别人的丈夫怎样好,多半不是怕妻子爱上别人的丈夫,而是觉得自己的自尊心受了伤害。恋爱中的男女,了解关于嫉妒的这些基本心理学常识,对于恋人或夫妻间的心理调适和情感维护是非常重要的。

7. 怎样看待恋人的谎言

恋爱也是一种战略,既要追求对方的爱,又必须巧用心计,所以爱情中渗入谎言和假象,常常是不可避免的。眼泪、羞涩、假装高雅、故作矜持,直至明明白白说谎,都是司空见惯的恋爱技巧,各有各的效应。

如果冷静地加以思忖,就可发现恋人在坠入情网时的某些甜言蜜语,多半是习惯性的谎言。"想到你,我就夜不能眠","没有你,我就活不下去"。其实,言者每晚都酣然入睡,也从无寻死的念头和勇气。因此,陶醉于爱情的男女,应对这类"合理的谎言"保持一份清醒。有位男士曾这样对女友说:"啊,你的眼睛是世界上最美的!"女友则立即玩笑般地应答:"亲爱的,你从未到世界上其他地方走过,怎可断言世界之最呢?"

有时,心理防卫机制促使人们撒谎。但谎言到了不合情理的程度,却可反映出一种虚荣心,很快就会令人厌弃。特别要注意某些有歇斯底里性格的人,总是表现出抬高自己的强烈倾向,因而喜欢编造谎言,自我吹嘘。这是一种缺乏自知之明或感情发育不良的表现。这类人的谎言往往显得幼稚可笑,不合逻辑。

谎言大多是防卫性的,但也有攻击性的。例如传播谣言、恶语中伤、欺骗恋人等。这可能使恋人感到难堪、焦虑、恐惧、慌乱。如果发现这样的谎言家，还是及早分手的好，因为他（她）多多少少带有病态心理，不会对人有真挚而深沉的感情。

当然，有些谎是非撒不可的，其动机是为了减少对方的不愉快或担忧感。例如，当医生诊断出某位患者的不治之症，而患者的健康状况和心境又承受不了知晓实际病情的痛苦。这时作为患者的恋人或配偶，就有义务对患者保密，该隐瞒的就得隐瞒，以合理的谎言安慰他（她），使其保持愉快的心境，以利延缓生命。再比如说，过去与异性朋友的交往，不必向现在的恋人"和盘托出"，该保密的保密，该撒谎的就得撒谎。这是一种"利他主义"的谎言，目的在于减少可能发生的误解或猜疑，以免折磨对方。况且，保留"隐私"也是每个人应有的权利。即使觉得过去做过某种错事蠢事，不说出来似乎心情就无法平静，但如果考虑到对方的利益和心境，还是三缄其口为佳。与其说出来让对方痛苦，还不如自己忏悔或以实际行动改过自新。

一位青年女性告诉咨询师，说是与过去的男友在不清醒的情况下发生过性关系，失去了"贞洁"，现在与第二位男友感情发展很顺利，已在讨论结婚事宜了。但她心里像揣着一只兔子那样忐忑不安，不知该不该把"那件事"告诉对方。咨询师当然告诫她保护自己的"隐私"。如果对方真的爱女友的种种优点和基本人品，就不会那么在意其是不是"贞女"；如果一个男人仅仅以"贞洁"为标准，那绝对不是一个现代的正常男人之爱情。这一点，女友可在与其交往中以各种言谈巧妙考察之，而不必直接去谈及自己过去的事。

至于"网恋"和"婚外恋"的恋人们，撒谎就更是成了家常便饭。"网恋"中用谎言"网来"的恋人，往往是真假难分，

上当受骗的事难免。而"婚外恋"呢,已婚者在外偷情,撒谎就几乎成为必然,并且还得两头说谎,每天编造不同的谎言,一不留神,谎言被戳穿,"东窗事发",靠谎言编织的"恋情"顿时变成一堆拾不起来的碎片。

8. 初恋情结为何令人刻骨铭心

初恋的感受总是令人回味无穷。为什么?也许正因为它是"未完成的","没有结果的",这就是所谓"契可尼效应"。心理学家契可尼通过实验证明,一般人对完成了的事情极易忘怀,而对中断了的、未完成的事情却往往记忆犹新。初恋的未完成情景,大多深深地印入脑际。例如,你考试时有99题都完成了,做对了,但有一道题只做了一半。从考场出来与别人对答案,做对了的那99题一对而过,而未做完的那一题令你琢磨良久,今后永远不会忘记了。据说,记忆力还有一种奇特的功能,即它能把悲痛的经历转化为甜美的回忆,这叫做"记忆的乐观主义"。心理学称为选择性遗忘。例如,一位经历过20世纪60年代"文革"风浪的知识分子,翻开旧相册,浏览上山下乡的照片,那种被迫离家接受劳动改造的痛苦可能已经从记忆中消失了,留在脑海中的却尽是欢声笑语和大自然的风光。

初恋的"潜效果"亦如此。人们在下意识地淡化过去恋情的同时,却将早已分手的恋人理想化。的确,初恋就像春雪般柔和、短暂,太阳一照它就融化了。可是春雪却让人恋恋不舍,记忆犹新;初恋又像蓝天上的白云,纯洁美丽,但一阵微风就会将它吹散。然而,蓝天白云毕竟给人留下美好的记忆。这就是为什么初恋的感受让人如此刻骨铭心。如果青年男女以这样的心理学知识去解读初恋，就不会总是为没有结果的初恋而懊悔和伤感了。

至于今天那些"游戏人生"的男女，则走向了另一个极端。他们对爱情持有不以为然的态度，认为情和欲相差无几，因此，对初恋的记忆也就很淡漠了。然而，对那些不曾留下初恋的美好回忆的男女来说，人生可能多一份遗憾，心灵可能多一份空寂，感情或许少一份丰满。因为，初恋虽然显得幼稚，来得短暂，又没有结果，但毕竟是一个人对两性之爱的最早和最纯真的体验，珍藏在内心，也是一笔难得的心理财富。

9. 什么是爱人最重要的期待

一对相爱的男女，都期待彼此合作去克服生活中的挫折和困难，因为两个人总比一个人的力量大些。可以说，合作是爱情的主要动机。为什么人们期待恋人成为合作者呢？第一，恋人是经过挑选而得到的，既不像家庭成员关系那样不能选择，又不像同事关系那样随机相处。人们在挑选恋人时，其实就暗暗选择了对方的合作能力。第二，具有恋爱关系的男女，彼此放心，有安全感，不加防范，一方可以毫无保留地把自己的任务和困难告诉对方。第三，恋人能做到心心相印，往往不用一方请求和表白，另一方就能心领神会地伸出合作与援助之手。尤其是恋爱双方在感情和心理上的支持，是别的关系无法代替的。

然而，并不是说对合作的期待永远可以在爱情中自然地得以实现，无须努力克服困难。两个人毕竟是两个人，彼此的合作需求及其内容不断在变化,这就需要恋爱双方不断地观察对方,调适关系,力求做到双方的步调一致,以便能够长期合作下去。有时候,由于各种主、客观条件的制约,双方的合作可能受到一些阻碍甚至发生某种冲突,这也不必大惊小怪,只要各自尽力而为,双方都能谅解与妥协,就不会使合作中断。这种谅解与妥协本身也是一种合作。须知,两个人永远配合得像一个人那样默契的情况是很少的,因此双方都不要特别苛求对方。

  两个相爱的人,大多希望相互陪伴,永远在一起,这也是爱人关系不同于其他关系的特点。这倒不是说两人必须事事、时时形影不离,而是说他们在感情、心理上彼此不能分割,价值观、信仰、审美情趣等方面的共同性使他们在精神上相互伴随。在恋爱期间,一般不会有太多困难和危机的考验,但双方也必须为这种考验的到来做好准备。实际上,不少伴侣后来不能同甘苦、共患难,遇到困难或挑战,便以分手作为逃避。要使恋爱双方最终结为"海枯石烂不变心"的伴侣,就应当尽可能地延长婚前交往的时间,使爱情经受足够的考验。那种速战速决的"闪婚"是不可取的。当然,一个人要掌握爱情的全部要义,并在行动中付诸实现,也不是恋爱期间完全能办到的事。爱的能力也是一种素养,是从孩童时期就开始培育的。许多男女在恋爱中的良好表现,以及后来能够冲过波涛翻滚的爱河,风雨同舟、生死与共,矢志不渝地将爱情的航船驾驭到幸福的彼岸,成为人们景仰的模范夫妻,是与他们具有良好的"教养"和高尚的品质分不开的。其中,父母所起的教育和表率作用,有着关键的影响。

10. 爱情有制约性吗

许多拥有真爱的人都是有自律能力的人。这种自律能力来自意志的力量。因此，真爱的关系便是一种受意志力制约的关系，而不是随心所欲的关系。如果真的爱对方，那么就得约束自己的行为，以免自己不当的行为妨碍了对方的利益和成长需求。

一个健康正常的成年人，绝不做感觉的奴隶，行为总是要有节制的，而不是为所欲为。有人也许会说："如果总让意志力左右，而不跟着感觉走，岂不是没有热情了吗？"要回答这个问题，就要仔细考虑热情来自何处，是什么性质的热情，它驱使你去发生什么行为，这一行为的后果是什么。这些问题，当然是热情本身不能负责回答的，而是人经过大脑的思考和意志力的决定去回答的。来自内心深处的热情和心血来潮的热情是不同的，尽管后者可能更激烈、更狂放，但它常常与本能、非理性相联系，形不成真爱的要素。而内心深处的热情，来自知识、信念、经验和承诺，是真爱的要素。

在所有的感觉之中，爱的感觉最容易激发出心血来潮式的热情，因而更需要自我约束，使它不至于走向痴迷，而能够被导向成熟性、创造性和承诺感的健康轨道，从而成为真爱，促进双方的精神成长。

一个人爱的感觉可能无限，而爱的能力是有限的，一个人在这个世界上生活的时间和精力也是有限的，因此，终究不可能去爱任何一个让自己觉得可爱的人。这就需要约束一部分爱的感觉，使自己爱的能力集中于爱那个经过选择的、能够长久爱下去的人。如果勉强去超越自己能力的局限，也就是去做力不从心的事，最终会事与愿违，害人害己。因此，如果你很幸运地遇到多个使你感觉到可爱的人，那么你必须选择究竟爱谁。这种选择是很不容易的，甚至是令人痛苦的，但又必须作出选择。在选择过程中有许多复杂的因素需要加以考虑，例如家庭文化背景、个人的受教育水平、价值观、性格情趣、交往圈子、与亲属朋友的关系等。这就需要时间，需要交往，需要沟通、对话，需要比较、权衡，需要割舍。因此，那些仓促行事、草率作出决定的男女，很难有真爱的承诺，婚姻的失败也可能源于此。

有的人，在多个可爱的异性中难以取舍，不忍"割爱"，不惜"脚踩两只船"，苟且偷生。其实，这种人自己惶惶不安，也让"被爱者"苦不堪言。美国著名心理学家 J. 弗勒切尔在《新的道德》一书中说："自由的爱是一种理想，遗憾的是我们之中很少人有能力去实现这一理想。"也就是说，很少人有如此巨大的自我约束能力去把对两个甚至多个异性的爱协调得富有建设性，因为，自由和约束是相对应而存在的，没有真爱的约束，自由就会导致无爱和破坏性。

11. 婚姻是爱情的坟墓吗

台湾女作家罗兰女士曾经说过：浪漫激情就像电光火石一般，一闪即过。你捕捉到了，就算拥有过。但要让浪漫激情升级为真正的爱情，那就要在其中加入许多强固剂，包括道义、良知、责任、尊重、接纳、奉献等，这些正是人类爱情的社会文化与精神内含。美国心理学家弗洛姆在他的知名著作《爱的艺术》

中也说道,爱情的核心要素是关怀、信赖、接纳与尊重。如果爱情达到这样的强壮与健康水平,它还会夭折在婚姻之中甚至结婚之前吗?

至于婚姻,它理应是成熟爱情的归宿和护卫者。如果两个人相爱到接纳、信赖、尊重、奉献的程度,他们就必然渴望有一种社会与法定的形式来见证、护卫、加固、发展与延续爱情,还要以双方的性爱与情爱去创造和哺育新的生命。这是相爱双方的对爱情达致完善和永久的期盼与努力。从相爱到结婚,是双方人生的一个独特里程碑。从此开始,爱情就被赋予了神圣的使命,这种使命既出于成熟男女的良知道义,也出于社会道德与文明规则。罗兰女士这样解释从恋人之爱到夫妻之情:同船过渡便是缘分的信念,相互拯救度过一生一世的决心。的确,真正成熟而美满的爱情要历经双方相识、相知、相爱、相伴、相守的漫长旅途,要体验友情、爱情、亲情、恩情的丰富内涵,难道这不需要缘分的信念和拯救的决心吗?这当然不可与那种肤浅、脆弱、短暂的"坠入情网"体验和浪漫激情之欢同日而语。正如弗洛姆所言,爱情其实是与人格相伴随的,如果一个人不积极地去发展优良的人格品性,那么对爱情的追求将是徒劳的。人格品性展示的是人类精神世界的层面,它与物质财富无关。而那些叹息"婚姻是爱情的坟墓"的人们,永远也无法知晓爱情的"天堂"何在,其结果可能是爱情与婚姻俱毁。

爱情是婚姻的出发点,婚姻是爱情的归宿;没有爱情的婚姻是孤寂、空洞和不幸的;而没有婚姻的爱情则是飘忽的、盲目的、不安全的、脆弱的;爱情与婚姻的和谐统一,既是双方人格发展的崇高境界,又是男女最幸福、最美好的关系。而爱情与婚姻的和谐统一，需要相爱双方共同的知识、智慧、勇气和决心，甚至要穷尽毕生的努力。

12. 自由择偶风险何在

"天生的一对！"人们常以此来赞美幸福的夫妻。其实，这不过是一种"天方夜谭"，人世间并无所谓"天赐良缘"。尤其是在自由择偶时代，究竟哪个男人将同哪个女人结为伉俪，主要取决于机遇加条件。无论是在什么情况下缔结的婚姻，都有一点巧合性，不是什么"上天做媒"或"命中注定"。著名的英国剧作家、诺贝尔文学奖得主萧伯纳曾这样说："世界上可能有两万人适合做你的配偶，就看你有机会遇到哪一位。"的确，大多数人在最终决定选择谁作为自己的配偶时，并不是完全"胸有成竹"。因为：第一，关于某男某女结合是否般配这一点，并无"放之四海而皆准"的通用标准；而两人到底要般配到什么程度才足以保证婚姻成功，也没有模式。第二，选择配偶意味着要找一个终身伴侣，但对这个伴侣只了解其不到半生的经历，无法预测其将来，在今后的漫长岁月中，将遇到些什么样的坎坷，受到多少挫折，双方会发生怎样的变化，彼此是否能共患难、同甘苦，适应生活环境的改变等，都难以做出准确的估计。第三，择偶一般在人生旅途的早期，这时每个人的经验阅历和成熟度都不够，主观的设想与感情体验尚处于"幼稚"阶段，可是一个人又不能等到四五十岁甚至七八十岁，成熟"透顶"、人格"定型"之后才去择偶。第四，人们在择偶的青年时代，大多接触面不广，后来碰到的"候选人"，其中可能有比当初选中的更"优秀"、"更般配",因而难免有"相见恨晚"的遗憾。但谁能熬到"五十而知天命"甚至两鬓斑白时才去选择"最佳"配偶呢?所有这些都说明,每个人选择配偶要受到时间、空间、机遇和主观条件的种种限制,"般配"与否只能是大体而言。有人说,当你择定一个配偶时,就拒绝了许多可能更优秀的异性,因为当你决定与谁结婚时,还有许多潜在的候选人未出现在你身边,"相见恨晚"、"相见更晚"的异性会不断出现,你不可能与你一生中"相见最晚"的那位"绝代佳人"结婚。不能穷尽所有的候选人,这仍是自由选择配偶的绝对憾事。其实,婚姻多半是建立在一种主观理想基础上的,即假设双方可能一道走完人生的旅途,相依为命到"白头偕老"。难怪有些夫妻后来推翻了当初的假设:有人在后来的人生旅途中另有所遇,落得"有情人难成眷属"的悲哀;还有一些"天赐良缘"走样变质,终遭离散。也许正因为择偶结婚是这样一件冒险和缺乏保障的事,才需要法律以结婚证书的形式予以确认,需要以婚礼的形式获得社会的认可与监督。

13. 浪漫爱情可以保证婚姻幸福吗

为什么如今那么多始于浪漫爱情的婚姻不能走到头呢?这要从浪漫爱情本身的非理性特征中去作解释。

一是本能性。我们知道,在本能的层次上,人的性欲求与其他动物并无本质的区别。本能的性不可能专一、长久,而可能招之即来,挥之即去,一旦满足,即告消失。但人毕竟是社会性动物,是经过文明教化的族群,因此人类的"性爱"与动物就有了本质的差别。动物的性行为叫"交配",人类的性关系叫"性爱",夫妻之爱还有情爱、恩爱,与动物有本质的区别。那种误以为性就是爱,以性交为动机和目的去爱,甚至由此作出婚姻的决定,那就十分危险。因为性欲发泄的盲目短暂与爱情的专一长久是背道而驰的。有人以为,婚姻是满足性欲的天堂,殊不知,婚姻生活中有太多的内容跟性欲满足并无多大关系。夫妻天长地久地生活,实在是高于性、长久于性、丰富于性。夫妻从相识、相知到相伴、相守,从友情、爱情到亲情、恩情,要经历几十年的漫长旅程,那岂是一个"性"字可以涵盖的?这就是为什么,那些基于浪漫爱情而结婚的男女,一旦性在婚姻中失去了当初的新鲜感和刺激感,就可能出现分手而另寻新欢的结局。从这个意义上说,浪漫激情中的性本能给太多的婚姻结下了苦果。

二是主观性。有人说,浪漫爱情是无价之宝,但又是危险的宝物,它像魔镜一样,把恋人的优点放大1000倍,而把缺点缩小到1%。恋人眼里出现的对象并非现实中优劣并俱的人,而是理想的化身,是自己根据想象描绘出来的"完人"。在浪漫爱情中,每个人尽可按照自己的主观想象去编织爱情的花环。因此,每一对相爱的男女,都有自己与众不同的爱情故事。心理学家分析说,处于浪漫爱情中的男女,其心理能量被魔术般地刺激调动起来,使其暂时地忘却疲劳、饥饿、寒冷。

三是虚幻性。"情人眼里出西施",首先是对方的外貌令人倾倒;对方的气质、言谈举止也在有色眼镜前面变得格外富有魅力;至于对方的缺点,或者完全掩盖在美丽的外表之下,或者消失在当事者主观的臆想之中,从而使爱情的画面完美无缺。而被爱的人，自然受宠若惊，竭力把自己乔装打扮起来，迎合对方的口味。待双方感情发展到如火如荼时，再也无暇去考察对方的真实面目。当婚后双方朝夕相处，零距离接触，终于"识破庐山真面目"时，生米已经煮成熟饭。如果这时回到理智清醒的状态，抛弃幻想，面对现实，努力去建设实实在在的婚姻，或许可能"失之东隅，收之桑榆"；但如果轻率从事，迅速分手，一方或双方都可能再度去向另一位"新人"追求当初那种建立在假象上的浪漫爱情，今天重复昨天的故事，就可能在不断的失落与懊悔之中去度过飘忽不定的人生。

14. "门当户对"还有道理吗

直到今天，男女在选择配偶问题上，文化上的"门当户对"即"文化同源"规律仍然是应当受到重视的。虽然政治地位的更替和经济贫富的变化，已使传统的"门户"概念变得过时。然而，家庭文化氛围的耳濡目染，父母生活方式及文化资源的代际传承，却多半不以政治地位或经济条件为转移。

实际上，在日趋增多的婚姻危机和家庭解体事件中，"感情不和"、"性格不合"、"缺少共同语言"、"价值观相异"、"性生活失谐"等，经常成为当事者挂在嘴边的理由。然而，这些问题中潜在的"异源文化"冲突，不是被表面现象掩盖着，就是被当事者误解了。其实，择偶成婚，建立与维系家庭，是人类文明社会中特有的文化现象，"文化同源"的规律顽强地左右着婚姻的走向。

来自不同文化背景和成长境遇的两个人，到了二三十岁，各自带着自幼在家庭里和以往成长过程中业已形成的一套生活方式、价值观念和行为习惯走到一起，谁能改变谁呢？谁又能改变谁的家庭呢？但是在夫妻的日常生活中，恰恰是那些鸡毛蒜皮的小事反映出来的"异源文化"差异，成为夫妻关系中最难逾越的一道鸿沟，妨碍着双方最终的接纳、亲近、融洽。双方后来的教育环境或社会经历，虽然可以在一定程度上淡化原生家庭文化的浓度，但要根本磨灭、"洗净"原生家庭文化熏染在漫长的岁月中给个人留下的烙印，几乎是妄想。

　　文化不等于文凭，文化素质是天长日久文明教养的结晶。一个人的文明教养，首先是在其成长的微观环境即家庭中接受的，其中，父母的言传身教具有潜移默化的深远影响。正是从这个意义上看，我们认为选择配偶时应当重视文化上"门当户对"的条件。而那些未曾作此权衡的已婚夫妻，或者那些不得不放弃这类条件的恋人，需要有足够的心理准备并增强调适能力，去克服双方因"异源文化"必然带来的适应困难、价值冲突或行为差异。他们或许不得不放弃自己当初的某些理想或需求，努力去理解、接纳和适应对方身上无法改变的文化印记。但这一点，绝不是一般水平的夫妻容易做到的。在现实生活中可以看到，有的夫妻结婚后，总是要求对方改变某些习性。殊不知，那恰恰是在要求对方改变其无法改变的文化特质，这就难免把婚姻推入困境。

　　一个人后来的受教育水平，可在一定程度上滋养、丰富或修正其原有的文化基础，但不能彻底磨灭从原生家庭带来的文化印记。因此，在恋爱交往过程中，充分了解对方的原生家庭环境及其成长经历，是十分重要的。

15. 性格影响婚姻吗

人的性格有两方面，一是基本的性格类型，二是性格的外化特征，前者难以改变，后者有可变性。从心理学的规律看，青年男女选择婚姻配偶时，其潜意识中总是在寻找自己不具备的特点。因此，两个性格不相似的男女就比两个性格完全相同的男女之间往往更可能相互吸引。这就是人们在性格上"异质相吸"的倾向。例如，一方外向、另一方内向，一方活泼热情、另一方老成持重，往往比较容易结成稳定的婚姻伴侣。但是，双方的性格差距太大，呈现两个极端的人也不易走到一起，因为性格相距太大，常常要求双方作出大量的妥协，若不是有相当的成熟性和高度的涵养，是难以做到的。例如，"主从"搭配的性格通常是理想的，但如果一方过于咄咄逼人，一方极端消极被动，两人就很难有一致的意见和行动；如果妻子主宰性过强，丈夫一贯扮演"妻管严"角色，也难以维护长久，到头来不是妻子嫌丈夫"窝囊"，就是丈夫忍受不了"压抑"而"退避三舍"。再如，独立型和依赖型性格的配搭，也应恰到好处。一个在感情和行动上都过于依赖对方的人，在恋爱期间也许被认为是"专一"、"忠心"，但在婚后生活中就显得不适应了，甚至会被对方当成"累赘"而受到厌恶或抛弃。总之，在择偶过程中要注意考察彼此性格是否能够协调，适当取长补短，不求相同，但求"相通"。

需要说明的是，性格中既有确定的部分，例如基本的性格类型，可能是受遗传基因影响形成的；但也有可变的部分，如环境影响形成的某些外化的性格特征。不过，在选择性格时，有一点是不应忽视的，那就是了解对方性格中有没有因自幼生活环境或成长过程中的遭遇而遗留下来的病态心理或人格缺陷，充分估量这些因素对婚后生活的影响。据心理医生的看法，人格缺陷是很难矫治的。年龄越大，人格问题就越容易凸显出来，而且越不易矫治。也可以说，有人格缺陷的男女，与任何人搭配成夫妻，都难有幸福美满的婚姻。有部电视剧叫《不要和陌生人说话》，其中的男主角就是一个有严重人格缺陷者，是一个虐待狂，他与任何人成婚都会是悲剧。

与性格相关的因素还有个性成熟与否。个性成熟是指一个人发展到能够客观地认识自己和认识他人的水平，能够将客观现实与主观感觉区分开来，并根据现实而不是根据感觉去行事。一个人的成熟性表现在各方面。对婚姻来说，最重要的是客观性和现实性。客观性就是能够站在自己之外的立场去对待自己和自己的利益，并能同时考虑到一件事物与自己和与他人的关系。这样，他（她）在婚姻关系中就不会以个人为中心，而会照顾到双方的利益。现实性是指一个人不把婚姻当做暂时逃避不如意的家庭生活或摆脱个人困境的途径，而是看到婚姻在满足个人需求和带来幸福的同时，也带来一些新的挑战和责任；还要认识到婚姻不仅是个人的私事，而且是文明社会为保护孩子的安全、构建社会和谐和维护社会秩序而建立的一种制度。

基于客观性和现实性，成熟的个人就能够建设性地处理各种问题，不至于感情用事。这有助于他们去应付生活中可能出现的困难和危机，从而争取婚姻的成功。成熟的个人能够充分理解别人的苦衷，具有同情和宽容的态度，更不做损人利己的事；他们还能够独立思考，不人云亦云，并勇于承认自己的缺点错误，也善于对主观愿望和客观可能性之间的差距作出正确的估量；他们愿意为别人作出奉献和牺牲。此外，成熟的人对性问题有清醒的认识和较强的自制力，不会凭着一时的冲动而做出不负责任的事。

16. 怎样看待"阴盛阳衰"

不少女士抱怨找不到"好男人"做丈夫。有篇文章的题目径直叫"男人们都怎么啦?!"读来颇令女人灰心。

也许，人类文明中那段"男尊女卑"的历史被我们记忆得太深刻，甚至有些念念不忘：男人专事户外劳作，还要对付敌人猛兽，保卫家园，保卫妻子儿女；女人打理后方，养儿育女，守候丈夫归来献出他丰厚的战利品。男人的"责、权、利"与女人的"贞、善、美"搭配得井然有序。男人供养女人，保卫女人，享受女人，主宰女人；而女人呢，依傍男人，顺从男人，伺候男人，容忍男人。那时，女人绝无抱怨，男人无可挑剔。

然而今天，"男主外，女主内"的天然秩序早已被打破了，女人冲破了家庭的樊笼闯入男人的领地，在受教育和社会劳动的舞台上与男人一比高低，许多女人甚至毫不逊色于男人。

但几十年的新中国与几千年封建社会相比，前者毕竟太短暂，社会习惯势力和男女本身的心理积淀，改变起来实属不易。从男人内心深处看，大多不甚情愿接受与自己平起平坐甚至超越自己位置的女人，他们希望在女人面前仍有英雄气概，保持权威形象，能够主宰女人。大家想，如今有多少受过良好教育并在职场展现风采的女人能够符合男人心目中的"淑女"标准呢？于是，那些"强势"男人就多半去找"低的"、"小的"、"弱势的"、能够驾驭的女人。

当"强势"男人纷纷做了"低就"的选择后，那些"强势"女人多半就得面对比较弱势的男人了。这就是人们常说的"甲女"遭遇"丁男"的局面。

其实，在某些女人内心深处，也仍然保留着一个"男强女弱"的王国。如今在学业和事业上出色的女性，不也是希望找到比自己更出色的男人吗？她们总在问"男子汉哪里去了？"不愿找与自己差不多甚或稍有逊色的男人。男人和女人在择偶上相互冲突的期待，可能是造成"剩男剩女"队伍庞大的原因之一。

17. 婚姻幸福与年龄有关吗

根据大多数社会长期以来形成的习俗，结婚双方的年龄差距一般为男方比女方大2～5岁。这种男大女小模式的形成，最初是因为早婚传统所致。男性比女性在生理上晚成熟1～2年，为避免结婚后男方尚不具备生育能力而无法"早生贵子"，就要求男方比女方大几岁。但是如今，男女结婚年龄已大大推迟，不存在生育能力成熟与否的问题，而主要应考虑双方在心理和人格成熟方面的条件。

其实，一个人有三种年龄，即自然年龄、心理年龄和社会年龄。从实践上看，选择心理年龄和社会年龄相当的人做配偶较理想；在自然年龄上，男大几岁女大几岁，都不必在意。世界上大多数国家，都已去除了男女法定结婚年龄的差异。

关于结婚年龄与婚姻调适的关系，据社会学者们的研究，结

第一篇 恋爱择偶之路:你曾怎样走过

婚年龄过大和过小,都不利于婚姻调适。在我国,婚姻法明确规定,22岁以下的男性和20岁以下的女性不能结婚。但事实上,早婚现象并不罕见,农村的"事实婚姻"无法统计。早婚者容易陷入困境,其原因各有不同。有的人之所以早婚,是为了实现性的欲求,或逃避不如意的家庭环境,有的是为了早生儿子、传宗接代。但这些都是非常靠不住的结婚理由。

男女年龄相差过于悬殊也不利于婚姻调适。例如20来岁的女孩嫁给四五十岁的男人,这种"孩子妻"的特点多半是依赖性强,或不善于与自己同龄的伙伴相处,因而到"大男人"那里去寻求"靠山"。结婚后,娇妻的任性、幼稚、怠惰等可能成为对丈夫承受力的严峻考验。而年龄过大的男女结婚,由于彼此的人生阅历较多,心理世界较复杂,性格定型程度也较高,"可塑性"则相对小一些,婚后调适比年轻夫妻困难些。一般说来,22~32岁结合的夫妻,其婚姻稳定程度与年龄成正比。我国提倡晚婚,从确保婚姻稳定的角度来看,是有一定道理的。20岁以前的青年人确定配偶关系,其婚姻最难稳定;25岁以上的人择偶结婚,成功的把握较大。美国社会学者拉维尔在1974年曾进行过一次全国性的抽样调查,他得出的结论是:"27~31岁的男性和25岁左右的女性最有可能建立持久的婚姻关系。"这个年龄比当时美国一般初婚年龄晚3年左右。当然,由于个体差异大和具体情况复杂,对于年龄与婚姻幸福的关系不能一概而论。而近几年令人瞩目的"老夫少妻"、"大妻小夫"现象,多半与功利即物质条件的考虑有关,或者受到潜意识中"恋父"、"恋母"情结的影响。这类婚姻往往背离爱情的真谛,不符合一般的择偶规律,不值得效仿。

18. 挑选配偶：重在"物质"还是"精神"

在市场经济迅速发展的时代，在消费潮流涨落多变的今天，青年男女对于选择婚姻配偶一事陡然多了些踌躇与茫然：对方的人格品貌还需注重吗？对方的物质条件与未来婚姻生活的幸福究竟有何相干？

"物质是基础"的说法成为今天相当一部分女性选择婚姻配偶的时髦根据。那些"傍大款"、寻豪车别墅、求大城市户口等择偶条件，大概都源于"物质基础"论。"宁愿坐在宝马车里哭，也不愿坐在自行车上笑"，便是功利爱情的典型写照。

然而，任何物质条件的力量都是既强大又脆弱的，而且充满变数。无论是付出方疏于付出或获得方难以满足，都可能导致婚姻关系的崩溃。在现实生活中，始于物质条件而又毁于物质条件的婚姻还少见吗？可是矛盾往往在于，当初为物质条件的"互补"而结合的双方，婚后却不安于"物质基础"了，于是"感情破裂"就往往成了最终分手的理由。

科学研究从未证明过，双方拥有何种物质条件最能保证婚姻幸福美满。相反，近年来城市夫妻关系恶化甚至婚姻破裂的常见原因，却几乎统统都是"感情不和"、"性格不合"、"无共同语言"、"性生活失谐"或一方"背叛、不忠"、"缺少婚姻责任感"之类，与物质条件并不相干。这一事实本身，已经向婚姻的"物质基础"论提出了尖锐的质疑。也许，某些人择偶结婚时确有较多的物质考虑，但他们迟早会发现，后来决定他们婚姻成败的因素，却远远不在于物质条件本身了。那些当初建立在物质基础上的婚姻关系，如果不是在精神领域中去加固与升华，从而超越物质的意义，便可能在一方或双方精神世界的日益贫困与衰败中走向毁灭。

至于某些人把情意当作生意，在择偶成婚时讲求"等价交换"、"价值规律"，斤斤计较自己为对方的付出"亏不亏"或对方给予自己的回报"值不值"，那就完全违背文明社会的婚姻本质了。须知，爱情无价，生意有本；买卖世俗，婚姻神圣，两者绝不可相提并论。

"以爱情为基础"的婚姻，既是现代社会法律与道德的倡导，也应当是现代男女的个人意愿与自觉选择。真正意义上的爱情，是相爱双方志同道合与共同成长的力量，它是不应附加物质欲求的。因此，可以说一个人在选择配偶时，是在选择对方爱的愿望、爱的潜能、爱的水平，从而也就选择了未来婚姻的精神内涵，选择了双方所要达到的人格境界和人生目标。

19. 择偶有哪些心理误区

青年男女在择偶成婚问题上，存在一些较普遍的误区。主要表现有如下几方面。

（1）我等待着真正适合我的人。问题是，你心中渴望真正适合你的那位"白马王子"或"白雪公主"，就像中彩票那样稀罕难得。当你被动等待最佳人选出现时，你就忽视了你周围众多可能适合你的"候选人"。因此，你最好这样想：有许多适合我的人，只不过我要按自己的条件和目标选择罢了。

（2）只有当我完全满意时才结婚。那么，请问你什么时候完全满意呢？须知，结婚踌躇是一种不自信的征兆。世界上没有十全十美的人，也就没有百分之百完美的婚姻。在终身大事上认真思考、谨慎抉择当然是必要的，但是前怕狼后怕虎，或者逃避现实，就可能贻误终身。

（3）要千方百计考验对方。你买汽车时，反复试车，卖家也许能够接受。但是找配偶毕竟不同于买汽车，不信任感将会破坏感情的基础。考验时间太长，对方受不了疑虑的折磨，可能会逃之夭夭。

（4）只要我尽了努力，婚姻一定成功。须知婚姻成功是双方的事，没有一方应当并且能够单独承担使婚姻幸福美满的责任。如果你只是一个人在尽这样的义务，那会很快感到精疲力竭和委屈伤心。

（5）先同居，"试婚"可强化婚姻的基础。这是一种幻想。结婚前住在一起，可能有更多的相互了解。但促使同居的动力，多半来自性要求，它与天长地久并无多大关系。婚姻生活与非婚姻的生活是大不一样的，迄今无人证明试婚与婚姻成功之间有何相关。君不见，"试"过数年的婚姻，仍有大量破裂的。如今，"试"而不婚者更为常见。本来嘛，"新娘变旧娘"了，"新婚"还有什么意义？有人这样说："既然能够喝到免费的牛奶，何必劳神养奶牛呢？"

20. 为什么说择偶是选择一种"原材料"

也许人们会认为，只要每个人在择偶这个环节上狠下功夫，他的婚姻便可大功告成。其实，情形并非如此。

第一篇 恋爱择偶之路：你曾怎样走过

一位两次遭遇婚姻失败的男士写信诉说自己的苦恼，并把婚姻失败归咎于择偶不当，询问要怎样找对象才不会离婚。这位来信者对婚姻的误解与失败经历，在今天城市男女中有一定代表性。这类人往往把"自由择偶"与"幸福婚姻"等同了。

如果说，婚姻从不自由到自由选择是必须借助于社会革命去改革"大环境"而实现的话，那么，从自由择偶到幸福婚姻却是有赖于个人穷尽毕生精力去努力创造的一项人生使命。实际上，幸福婚姻就像千姿百态的艺术品，是不可能照某个模式大批量生产出来的。社会无法为幸福婚姻设计一个标准，它全靠那些别具匠心的伴侣去创造。当初的择偶，就像选择一种原材料，它是日后创造的基础和前提。

可以这样打个比方：一个人择偶结婚、生儿育女、创造一桩幸福的婚姻，享受美满的人生，好比一个艺术家选择一种"合适"的原材料去加工一件艺术品。精心细致选择原材料当然是非常重要的环节，但这并不意味着一件艺术品就此大功告成。日后那位艺术家的独到艺术技巧和锲而不舍的创造精神，才是保证成功的必不可少的条件。再打个比方，要盖一座大厦，打好地基当然是首要一步，如果地基没打牢，盖出的大厦必是"豆腐渣"工程；但即使地基很牢，可在后来的建筑过程中偷工减料或违反技术规程，这座大厦仍然可能坍塌或报废。

也就是说，如果一个人立志创造一桩幸福美满的婚姻，那么他（她）就必须从选择配偶的环节开始用心，但这毕竟只是创造的开端，而不是结束。并且，今后的创造必须是两个人共同努力，彼此配合，缺一不可。从婚姻幸福的意义上说，可谓"生命不息，创造不止"。因为夫妻对幸福婚姻的心理渴求日新月异。

如果在婚姻生活的某个阶段出了问题，甚至完全失败了，那就需要从各个方面去寻找原因。可惜，许多当事者并不明白这个创造的过程，往往把婚姻失败仅仅归咎于择偶这一个环节，而不问自身有无创造的能力和耐心。在错误认知下，有人轻而易举地"弃旧图新"，以为重新选个"原材料"定会成功。殊不知，一个人如果自己不具备创造幸福婚姻的艺术才能，再好的"原材料"也会在其手下报废。

总之，让我们再次强调，幸福婚姻并非选择的结果，而是创造的结果。从这个意义上说，择偶的过程也不必过于挑剔，只要基本条件具备，就应当有勇气去承担创造的使命。

21. 何必"试婚"

近年来，未婚男女"同居"或称"试婚"已成时尚，甚至入学不久的大学生也效法起来。关于"同居"的利弊得失，人们众说纷纭，莫衷一是。有人说是现代男女性成熟太早，结婚又太迟，漫长"性待业"期的压力无法排解，"同居"便是满足彼此生理需求的一种途径，与将来是否结婚无关，甚至也不一定以爱情为前提；有人说既然两人相爱就得包括性爱，同居便是爱情的完满体现；也有人说，如果不住在一起，零距离观察对方，怎能充分了解对方是否可以终身相许呢？因此，同居就是"试婚"，目的是为了减少离婚的风险，等等。

然而，同居关系导致低标准的速成结婚，已成为常见现象。有些恋人的同居虽未导致结婚，但给双方，尤其是女方留下严重的心理创伤，甚至成了后来某些男人性放纵甚至性犯罪的前导。

第一篇　恋爱择偶之路：你曾怎样走过

若未婚的双方都未掌握必要的性知识，又害怕怀孕堕胎，也必然承受很大的心理压力。这种压力给一方或双方留下不良的"心理暗示"，对婚后性生活可能带来负面影响。

不难理解，同居的兴起和流行，的确是西方现代社会婚姻观念和道德标准变化的产物，也是今天西方主流派人士所惊呼的"文化危机"的反映。据美国一些社会学者的考察，近年来艾滋病的流行，使人们对频繁更换同居伙伴的危险性有所警惕；来自社会各界关于"返回家庭"、"重建性道德"的呼吁，也使"性自由"的风气有所收敛。在这种情况下，偶然性的同居现象减少了，但作为实际上的婚姻配偶而维持稳定持久的同居生活者仍较普遍。

美国丹佛大学婚姻家庭研究中心斯坦尼教授和他的研究团队发表过对1050对夫妻的一项调查结果：在订婚前就同居的夫妻，有19%有分手意向。他的调查发现，婚前同居过的男人较没有同居过的男人对夫妻关系的忠诚度低些。他解释说，有一批男人，如果不是与妻子已经同居了的话，他们是不会娶现在的妻子的。他说，这是一种惰性使然；住在一起，经济上分不清，两个人的生活已经纠缠上了，即使不情愿结合，也对两人分开居住的情形难以说"再见"。即使其中有些同居者最终也未进入婚姻，但他们之间的关系拖而不决，因而有可能错过了选择更合适伴侣的机会。

其实，在做结婚决定时，彼此的承诺是最重要的因素，当你做了此种选择时，就意味着放弃了其他的一切选择。然而，大多数走进同居生活的伙伴，并不认真地讨论这一步对他们的将来意味着什么，没有内心的真实承诺，只是随波逐流地住在一起，而后来或迫于对方及亲属朋友的压力，或者女方已经怀孕了，才勉强去登记结婚。这样的婚姻，无疑给往后双方的关系留下了许多隐患。

第二篇

新婚蜜月，你怎样安排

22. 登记结婚的法律要求是什么

婚姻既然是两性关系的法律认可，就必须按照法定的条件履行法律手续，即结婚登记。在我国，结婚登记由民政部门负责，近来已有经过专门训练的婚姻登记员办理此事。有些登记处还开展了婚姻咨询服务，负责解答未婚伴侣提出的有关法律、社会及心理方面的问题。

我国实行一夫一妻制的自由婚姻制度。根据《中华人民共和国婚姻法》（以下简称《婚姻法》）规定，登记结婚的男女必须具备两个基本前提：一是"双方完全自愿，不许任何一方对他方加以强迫或任何第三者加以干涉"；二是"结婚年龄，男不得早于22岁，女不得早于20岁"。

我国的《婚姻法》，把结婚自由权完全赋予了当事人本身。按照这一法规，凡是违背婚姻当事人意愿的婚姻，如包办婚、买卖婚或由对方及旁人用欺诈、胁迫手段而达成的婚姻，均是非法的，受害者有权向法院提出申诉。当然，尊重当事人的意愿，不等于旁人不能提出建议和劝告。实际上，青年男女在婚前交往和作出结婚抉择时，征求父母和亲友的某些建设性的意见是合乎情理的。但旁人的意见只能作为参考，不能强加于当事人。

《婚姻法》规定的法定结婚年龄，是最低限度的婚龄，不到此年龄的男女不能登记结婚。但《婚姻法》并没规定法定婚龄以上的任何年龄的男女结成夫妻。有些人根据法律上出现的男女结婚年龄不同，就机械地坚持男方必须比女方大两岁的"模式"，这是对婚姻法的误解。实际上，凡在法定婚龄以上的男女，

双方的任何年龄搭配都是合法的。科学研究也从未证明过什么年龄的男性与什么年龄的女性结婚是"标准组合"或"最佳搭配"。现代城市青年受教育时间的延长和经济、社会独立时间的推迟，使晚婚的现象在城市中越来越普遍。然而，在农村，传统的早婚习俗仍然时有所见，许多人未到法定结婚年龄而自行完婚，形成所谓"事实婚"，甚至在没有婚姻保障的前提下生了孩子，这种没有法律保障的婚姻，存在很大的风险。

23. 哪些情况在法律上是禁止结婚的

我国《婚姻法》规定：

（1）禁止直系血亲和三代以内的旁系亲属结婚。

（2）患麻风病未治愈或患其他医学上认为不适宜结婚的疾病者不得结婚。

首先，近亲结婚之所以受到禁止，主要是因为这样的婚姻往往造成后代的身体或智力缺陷，危及当事者的家庭幸福，也影响整个社会的人口质量。世界各国都有禁止近亲结婚的法律规定，这是有充分科学根据的。

关于医学上认为不适宜结婚的疾病，除麻风病之外，还有久治不愈的精神病和严重的遗传疾病如癫痫症、痴呆症等。由于这些疾病都有殃及后代的危险，因此，对婚姻幸福及社会人口素质必然带来损害。

目前在我国城乡，尤其是农村地区，婚前的医学检查不严格，或者根本没有进行检查，致使大量应被禁止的婚姻得以成立，以致先天畸形或残疾婴儿不断出生，使我国残疾人在总人口中所占的比例居高不下。据不完全统计，全国残疾人总数已达8000万以上，其中先天残疾者超过半数。这种情况，严重影响了民族人口的素质，妨碍着我国整个社会经济发展水平的提高。并且，在我国现阶段，社会保障和福利事业还不够发达，对残疾人的照料依旧主要是一家一户自己的责任。因此，有残疾儿的夫妻或有残疾者的家庭，精神负担和经济负担都很重，家庭生活受到严重影响。总之，无论是从对社会还是对婚姻负责的角度考虑，近亲和有遗传疾病者都应自觉遵守法律的禁令，不可擅自结婚。

24. 婚前检查重要吗

在履行法定结婚登记手续之前，男女双方都应当自觉到医院做一次全面的健康检查，以确定双方是否患有不宜结婚或影响生育的疾病，以决定是否立即结婚，或婚后是否生育。

婚前体验有以下几项内容。

一是对个人病史的了解，以弄清楚双方曾患过何种疾病与医治情况、有无遗传征候、目前是否仍患有法律上认为不宜结婚的疾病。

二是对家族病史的了解，弄清楚直系血亲的健康状况和家族中有无患遗传病的成员。在这两项询问调查中，男女双方都应实事求是，切勿隐瞒情况，造成医生误断，贻害婚姻。

三是体格检查，包括全身检查和生殖器及第二性征检查。生殖器畸形、生殖器疾病和某些功能障碍（如男性阳痿），都可通过检查发现，以便在婚前进行适当的矫治。

四是辅助检查，常规检查项目有血尿常规、梅毒筛查、乙肝病毒抗原和肝功能检查、男女尿道分泌物常见性病筛查、胸部透视。根据需要选择检查项目包括艾滋病检测、淋菌培养、乙肝五项检测、肝肾功能、精液或染色体检查、妊娠试验及B型超声检查、乳腺检查、心电图检查、智力筛查等。地中海贫血高发区居民应进行地贫一般筛查和基因筛查。

双方对婚前检查要抱有严肃认真和诚实的态度。若一方或双方患有遗传病，不应当结婚；若患有一般疾病或传染病，也应力求在婚前治愈，以免影响婚后的生活。有些慢性病，可能不妨碍结婚，但毕竟消耗精力，损害身体健康，双方即使不能因此而推迟婚姻，也至少应延期怀孕。总之，婚前检查所得到的信息，有助于双方最终下定结婚的决心或改变结婚的计划，并且为婚后生育作出明智的安排。

与婚前健康检查有关的是学习性健康知识和计划生育知识。目前城市已有少数婚前教育训练班，准备结婚的男女可以集中一段业余时间去听课，获得必要的婚前指导。在大多数条件不具备的地方，婚前咨询指导就只能求助婚前检查的医生或计划生育机构了。

25. 完婚的程序有哪些

完婚是指从结婚登记到举行婚礼的"婚姻成立"过程。决定结婚的男女，持有婚前检查诊断和有关年龄、婚姻状况的证明，就可以到民事部门登记，领取结婚证书，取得法律对其婚姻关系的承认和保障。这时双方就成了合法夫妻，有权在一起居住、生活及生儿育女。按照一般的社会习俗，结婚者都要举行婚礼。这既是家庭对其成员终身大事的祝福方式，也是社会对婚姻关系认可的一种形式。大多数人都要举行婚礼，但少数人不举行正式婚礼，只要有合法登记手续，领取了结婚证书，婚姻也就成立了。

《婚姻法》规定："要求结婚的男女双方必须亲自到婚姻登记机关进行结婚登记。"所以，只有一方到场是不能办理结婚登记的，结婚登记手续也不能委托代理人去办。实行结婚登记的目的是为了保障一夫一妻制的婚姻和男女双方的自由、平等，防止重婚、迫婚、早婚和近亲结婚，以及防止医学上认为不宜结婚的男女结为夫妻。男女一旦登记、领取了结婚证书，即使未举行婚礼，双方也未同居，其婚姻也已具有了法律效力，不得自行离异。夫妻的权利和义务从领取结婚证书之日起就成为法定的现实了。

订婚在我国法律上并无规定，但在习俗中仍然存在。有些男女，在正式登记结婚之前，自行订立婚约，作为"君子协定"，证明双方已确认配偶关系，不得随便反悔。在西方的宗教信徒中，订婚的传统也沿袭了下来。对于订婚习俗，人们的看法不尽一致。如果从婚姻的严肃性来看，在婚前有一个郑重其事地确认关系的订婚阶段，以此作为双方交往密切化和进一步发展关系的过程，或者作为通向成功婚姻的桥梁，未尝不具有积极作用。

订婚时双方交换"信物"，如耳环、戒指、项链等，这是古已有之的山盟海誓的象征。男方送女方一对耳环或一枚戒指，表示他们的关系犹如"赤绳系足"的牢靠。不可否认的是，一部分虽然已交换了信物，自视为订了婚的男女，可能在更为密切的

交往中发现彼此的某些缺陷或问题,感到很难接受,最终认定不去正式登记结婚,这也是十分正常的,甚至是明智的。在这种情况下,家人和朋友不应当施加压力。放弃不适合的婚姻,比结婚之后再去离婚对当事者和对社会的影响都少得多。

26. 婚前辅导有必要吗

如今不幸婚姻的故事屡见不鲜,尽管成因千差万别,但有一个原因十分普遍,那就是缺少婚前辅导和婚后的训练。例如,从未学习过游泳的人去横渡江河,怎能不半途遇险?须知,当代男女的婚姻,已不再是传统时代的"经济合作社"、"生育共同体"了,不能无师自通地过日子、养孩子;前辈的经验和外在条件的约束也不再是维系婚姻长久的纽带。作为在心理、文化、情感上追求亲密关系的现代婚姻伴侣,必须具有新的理念、知识、智慧和技能。这就需要学习和辅导了。一个人不是等到考试再读书,而是先读书,再考试。恋爱、择偶、结婚是人生路上最艰难的考试,为什么不需要早下功夫、认真准备呢?可以说,人的一生中,没有任何成功能够弥补婚姻家庭的失败,也没有任何成功能够代替婚姻家庭的成功。因为,事业的辉煌是一阵子,婚姻家庭的幸福是一辈子。

今天的情形是,人们为了成就事业,或者不过是为求职谋生,都会努力去学习必要的知识或技能,取得学位或资格证书,当今几乎每种职业都有一定的准入门槛。可是,做夫妻以及后来做父母,是今天世界上最高级、最复杂、最艰巨的职业,从业者却没有接受过任何培训辅导,不具有起码的知识和技能,怎能适应这样的高级职业岗位呢？于是，我们就发现，已有那么多男女，在事业上踌躇满志甚至卓有成就，但是感情路上却崎岖坎坷，遭遇挫折、失败、悲剧，因而殃及事业，损害健康，甚至摧毁了宝贵的生命。其中一个带有普遍性的原因，那就是对当今爱情婚姻的无知与迷茫。

终于，我国开始有了婚姻家庭指导师、咨询师这类专门的职业，在一些大学、社区和机关企业也有了关于婚姻家庭科学的公益讲座或培训课程，有些恋人、夫妻已懂得找机会、抽时间去学习经营爱情婚姻方面的知识了。如果在我国的婚姻登记部门也开设婚前培训课程，并将其作为领取结婚证书之前的必修课，那会怎样？有人说："婚前学习是幸福婚姻的起点！"此话不无道理。

27. 举行婚礼有何意义

大多数新婚夫妇在结婚登记不久便举行婚礼。举行婚礼有几个目的：一是作为完婚程序，向社会宣布新郎新娘作为合法夫妻开始他们的婚姻生活；二是接受亲朋好友的祝福，使婚姻更具隆重性和纪念意义；三是通过一些具有象征意义的仪式，增进夫妻的亲密感和婚姻的持久性。

婚礼是新郎新娘从单身状态进入婚姻生活的第一步，是很值得庆贺一番的。按照中国传统习俗，新郎新娘要拜天地，即宣誓将终生相伴、白头偕老。在西方基督教的婚礼庆典中，新郎新娘都要向"上帝"发出神圣的誓言："从现在到永远，无论幸福或忧患，无论富有或贫穷，无论疾病或健康，我们都将互敬互爱，永远伴随，直到死神把我们分开。"

如今，举行婚礼的地点，一般都选择到专门的喜庆场所（如酒店、宾馆），当然，也可以在家里举行简朴的婚礼。但无论在哪里举行婚礼，都应当注重这一事件对新郎新娘本身的意义。有些夫妻举行婚礼时，"喧宾夺主"的插曲太多；有些集体婚礼，政治色彩或世俗的喧闹气氛甚浓，将注意力从新郎新娘身上转移开了，未免虚张声势，有损于婚礼的隆重性和对夫妻本身的价值。

举行婚礼的时间，一般应避开新娘月经来潮的日期。但现在人们往往愿意趁节假日的公休期间举行婚礼，以便有较多时间的准备及亲朋好友们有空来参加庆贺和表达祝福。在这种情况下，新婚就可能正巧碰上新娘的月经期，因此适当的休息和性生活的卫生就应特别注意。

婚礼的准备工作，宜及早着手，不要"临阵磨枪"，避免新郎新娘直到婚礼当日还在忙个不停。举行婚礼这天，要做到"万事俱备"，新郎新娘在轻松愉快的气氛中迎接宾客的到来。婚礼安排也不要过于繁杂和奢侈，其规模和花费标准都要视双方的筹办能力和经济条件而定，以朴素大方为好。有些夫妻或其家人有攀比心理，虽然力不从心，但婚礼也要大操大办，"劳民伤财"；宴罢归来，双方颇感心力交瘁；还有的夫妻结婚后，已是债台高筑，一筹莫展，哪还谈得上享受新婚生活的喜悦？

与婚礼有关的新房布置和新婚服饰的选择，涉及一整套文化艺术与美学知识。新婚美满离不开新婚夫妻平时的文化水平、美学修养、气质、风度、艺术情趣等，那种不重视内在美与外在美的和谐统一，只追求某种美的形式，机械地模仿，赶时髦，并不能使自己和来宾得到真正美的享受。在这方面，婚庆服务部门大有用武之地，他们根据新房的条件和新婚夫妻的具体情况，按照美的和谐原则设计出最佳方案，供新婚夫妻选择。当事者在享受婚礼服务的过程中，也可得到一次美学知识的学习与实践的机会。现在，已有专门的婚庆公司承办新房布置、婚礼设计、新郎新娘的结婚服饰、礼品、婚宴等项目，这可省去当事者的许多精力和时间。有的婚庆服务项目还包括婚前咨询、新婚生活指导等，并有专业人员帮助，这对于减轻新人的操劳和丰富婚礼婚庆的内容大有裨益。

28. "度蜜月"怎样安排为好

蜜月最好紧接着婚礼，时间往后拖意义就打折了。度蜜月的目的主要是适应新婚生活，完成从个体行为方式到双方行为协调的过渡。蜜月是一个特殊的时期，在此期间，夫妻在隐秘与单独相处的环境中迈出婚姻调适的第一步，其中不仅有性生活的适应，还有其他生活方式与行为习惯的默契。蜜月应当经过周密的计划，以达到最大限度的完美。蜜月对于夫妻生活的重要性还在于，它表达了双方多年积累的希望和对婚姻幸福美满的梦想。

在蜜月中，配偶得以摆脱婚前准备的操劳，静下来专注对方，无拘无束地向对方展露自己的个性，自由表达温存爱抚之情，为永久的伴侣生活打下基础。蜜月是婚后夫妻的亲昵关系与沟通行动的开端，此时不宜受任何公务和旁人的打扰。在蜜月中，新婚夫妻可以得到最充分的性爱乐趣和最好的伴侣体验。

掌握婚姻生活的起码常识和性调适的必要技巧，是度好蜜月的前提条件。有些新婚夫妻，过分专注于蜜月的性生活享受，忽视了更为广泛的夫妻情感交流，难免蜜月归来"若有所失"。如果度蜜月的一切条件都很理想，也许新婚夫妻能够实现对性生活的高度期待。但是新婚夫妻的性生活调适需要时间和经验，并非一开始就能达到双方的完全满足，有的需要数周至数月才能彼此适应，达到性和谐。因此，在蜜月期间，双方的理解、体贴、耐心和关怀十分重要。一般说来，新娘事先在计划蜜月时应力求避免月经来潮发生在蜜月之初的情况，但很多新娘都难免事与愿违。例如，新娘在婚礼前的紧张与忙碌造成月经不能按时来潮，待到蜜月开始，精神放松之时，恰巧月经来了，这就需要丈夫的体谅和双方理智行事了。当然，如果新郎新娘在婚前交往、自我抉择及婚礼筹备等过程中，一直都有很好的合作、充分的默契和深厚的感情，那么在任何情况下都可能度好蜜月，为婚姻生活创造一个美好的开端。

现在，许多新婚夫妻趁公共假期结婚度蜜月，不辞劳苦去游览名胜古迹和拜访远方亲友。然而，由于假期旅游者众多，交通拥挤，著名的风景区人满为患，新婚夫妻到那里难以找到幽静住宿，尽情享受两人世界的甜蜜。有的借出公差之际度蜜月，更非明智之举。这种安排固然可以节省一些交通住宿费用，但由于公务在身，有所牵挂，夫妻生活难得清静。

第三篇

夫妻性生活，你知道多少

29. 新婚期的性生活要注意什么

新婚燕尔，夫妻当然期待着一次激情澎湃的性生活。但是，如果夫妻事先没有起码的性知识，性生活是难以如意的。

首先应当了解，新婚之夜，若妻子处女膜未破，丈夫的阴茎插入会使女方感到有些疼痛。处女膜一破必然有少量的出血，因此，婚后最初的几次性交，双方都难免紧张和不适。而出血多少及不适之感轻重，与女方处女膜厚薄也有关系。

由于许多民间风俗和传统观念作怪，不少人过分看重新婚之夜的初次性交。然而，恰恰是由于开始缺乏经验，行动笨拙，出乎预料的性障碍可能发生，以致后来妻子厌烦甚至拒绝过性生活。可是，夫妻的性生活是否和谐，并不完全取决于新婚之夜，这与夫妻感情发展和婚姻调适程度关系很大。一般的情况是，随着经验、技巧的积累和思想感情的融洽以及双方的耐心配合，初次性交遇到的障碍，会随着婚后生活的进展自然而然地消除。

此外，性生活时夫妻性系统的反应也有所不同。也许丈夫的性欲"招之即来"，妻子却"不温不火"。这是因为男人非常容易达到性兴奋，健康和体贴的丈夫一般会控制自己的兴奋过程，使双方达到性高潮的时间基本吻合，从而获得夫妻性生活的最佳满足。

还有一点要提醒：如果夫妻没有计划婚后立即要孩子，那就得认真采取安全而有效的避孕措施。如果初次怀孕就去接受流产手术，对妻子的身体健康和双方的心理、情绪都会带来不良影响。

30. 什么是"性反应周期"

根据性科学的研究，夫妻过性生活时，一般要经历四个行动阶段，这就是所谓的"性反应周期"。

第一，性唤起阶段。在此阶段，身体开始对性刺激作出反应，从思维、想象、幻觉、声音、身体的气味、皮肤的触觉等方面获得刺激。于是男性的阴茎开始勃起，女性的阴道开始出现润滑的分泌物。各种爱抚和亲昵的接触都能提供刺激。如果这些刺激持续下去，唤起程度增加，下一阶段即高原期就会到来。

第二，平台阶段。平台阶段可能是短暂的，也可能持续很长时间，这要取决于夫妻双方的反应强度、欲望强度和健康状况。这时双方的性器官都处于充血紧张状态，带来高度兴奋，这种兴奋感达到一定程度，一方或双方就必然会体验到性高潮的来临。

第三，高潮阶段。平台阶段的紧张感一旦达到极致，性高潮就猛然出现。此时，双方身体都发生一系列的肌肉收缩和性器官的反应。一般情况下高潮反应时有6～7个部位的肌肉收缩，每次收缩都只有不到一秒钟的时间。对丈夫来说，其高潮体验集中于内心，觉得阴茎、前列腺和精囊等处发生肌肉收缩。女性的高潮体验也主要是心理上的，她觉得阴道深处和周围的肌肉都在收缩。无论丈夫或妻子，性高潮到来时，全身的肌肉都处于紧张的投入状态，可能出现肢体、手指、舌头和面部等肌肉的抽搐性收缩，尤其是妻子。有的妻子可能在性交结束之前多次体验性高潮。

第四，消退阶段。男性在性高潮过去后立即进入消退期。此时紧张状态松弛下来，脉搏、呼吸和血压都回复到平常状态。然后就出现一段"不应期",即他不再能够对刺激作出迅速的反应。一般说来,年轻男性的不应期很短,从几十分钟到几小时;而年纪大一些的男人则有几小时到几天的不应期,这与年龄、健康、精力等因素有关。女性没有不应期,部分女性可以在一次性生活中获得多次性高潮。少数女性有阴道型或称为终止性性高潮,这些女性的消退期也在达到高潮后立即到来,阴道也不再润滑,与男性一样进入梦乡。

需要指出的是,在夫妻性生活中,性反应的每个过程都会给夫妻带来愉快和满足,因而双方都要认真投入,尽情享受。但是,有些夫妻不明白这一点。他们不注意把握每个阶段自己和对方的感觉和反应,只把注意力集中到性高潮何时到来的"最终目的"上。有的夫妻(尤其是妻子)因为性高潮迟迟不能到来而焦虑,这种焦虑又极大地抑制了自己的兴奋程度,影响了性交活动的愉悦感。焦虑感分散了注意力,使彼此无法接受对方发出的性刺激和反馈回来的性信息,结果是越着急越达不到性高潮。应当承认,有些妻子过了新婚期之后,性高潮出现的频度下降,强度也有所减弱,有时甚至不出现明显的性高潮,这也不必沮丧。如果夫妻能充分领略到前两个阶段的乐趣,就不会因为偶尔达不到性高潮而过分失望了。当然,在双方有良好的心情、身体和环境条件时,性高潮一般会到来的;但那也只是性爱中短暂的瞬间,而不能代替性交全过程的享受。

31. 处女膜能代表"贞操"吗

女性阴道的入口处通常由一层薄膜遮挡,这就是处女膜。这

层处女膜在性系统或生殖系统中究竟有何用处，没有明确的说法。在多数情况下，处女膜上只有一个或几个小圆孔，以便经血流出。

在现代社会中，大多数青年男女已经破除了"处女膜情结"，但是仍有少数人（主要是男人）将处女膜作为检验女人"贞操"的标志，个别丈夫在新婚之夜未见妻子处女膜破裂出血，就怀疑妻子"不贞"，这至少是缺乏科学常识所致。其实，医学的研究证实，有的女孩天生就缺失处女膜，或处女膜多处开孔（即筛状处女膜）；有的女孩在月经期使用卫生栓使处女膜裂口增大或破损；还有的在运动、劳动或摔跌中处女膜破裂。尤其是今天，已无"大门不出，二门不迈"的大家闺秀，男孩子、女孩子都在一起参加各种体育活动和体力劳动，怎么可以要求女孩个个保持处女膜完好？再说，处女膜是否完好，对性生活和生育功能毫无影响；处女膜过厚还反而影响新婚期的性生活呢，有的不得不到医院去实施手术。归根结底，"处女膜情结"仍是一种男女不平等的封建残余作祟。试问：男人的贞操该如何判定呢？当然，破除对处女膜的迷信，不等于不重视婚前的"洁身自爱"，"婚前贞洁，婚后忠诚"，是当今男人和女人都应有的操守。

32. 夫妻性生活时，妻子有何期待

大多数妻子希望与丈夫共享快乐。她们需要平等对待、更深的理解以及丈夫带点机灵劲儿。妻子最常见的抱怨是丈夫没有给她足够的时间。一般说来，妻子很难由那种急风暴雨式的性交而

激发起性欲，而是多半更喜欢悠闲的做爱方式。如今，丈夫发号施令的旧模式已被新的性爱模式取代，即夫妻双方相互交流以分享他们的性需求。在这种模式中，可以尝试不同的性交体位。

夫妻应将性生活看作一个过程而不是匆匆忙忙地朝向既定的目标。性交前后的彼此爱抚对夫妻至关重要，这可使双方产生被爱的感觉，更可以使妻子感到亲昵、放松和舒适。

如今，有些妻子把做爱当作自我表达的机会，表现得更为自然开放。倾向于将注意力集中于性生活的丈夫，在做爱时往往表现得比较严肃，而妻子则希望丈夫轻松一点，使性生活充满爱意和随心所欲。因此，新婚伴侣之间公开讨论和交流性体验是很重要的。

33. 女性的性高潮体验是什么样

女性的性高潮体验因人而异，即使同一个人，每次的性高潮体验也不尽相同。当妻子在性交中体验到性快乐的高峰时，骨盆区域的血液累积近似于男性性兴奋时的血液累积。性高潮起到一种将已累积起来的血液、主要是骨盆区的血液突然释放的作用，这样血液就会流回身体的其他地方。这种血液的释放可以说明为什么女性在达到性高潮时会有温暖的感觉。她们的子宫或骨盆的肌肉可以收缩若干次，这就是为什么在性高潮中会出现身体的颤动。

虽然用肌肉张力的放松和血液释放的术语来说，性高潮对伴侣双方有一定的相似性，但是，男女的性高潮在频率方面确实存在差异。最明显的不同是在性交中女性可以经历重复的性高潮，而一般的男性只能经历单一的爆发式的性高潮。

虽然并非所有的女性都能体验到性高潮，且大多数女性并非每一次做爱都能体验到性高潮，但是始终能够从性生活中得到快乐。不应该将性高潮看作做爱的唯一目的。性满足和亲昵行为能够以多种方式获得，而当相互分享快乐是做爱的目的时，伴侣双方都具有更好的机会体验性快乐。

34. 当配偶对性生活不感兴趣时，应该怎么办

一方面，不要将问题完全归于自己。期待两个不同的人有完全一样的性欲，这本身就是不合理的。伴侣往往是在某种不同的生活压力之下生活的，并且对生活压力有不同的反应。突发事件、疲乏、激素和情绪的波动乃至烦恼悲伤，都可以影响性欲。另外，抚养幼龄子女的妻子，在一天更换尿布和看管淘气孩子的劳累之后，很难放松下来和感到性趣。应该知道，所有人的性欲望和体验都有其高峰和低谷。

重要的是不要将各自的性兴趣差异看得太重。如果因为你的伴侣性欲不足，而你也采取防御性的反应或者感到自己的性要求被伴侣拒绝，将会使问题复杂化。宁可将你的性要求不断拖延，直到你的伴侣欣然同意为止。有必要与你的伴侣共同探讨为什么她（他）会性兴趣不足，伴侣双方共同分享或分担将获益匪浅。

过性生活之前躯体接触不够，可能是性交退缩的原因。在白天或夜晚手挽手地散步，拥抱和接吻能够使伴侣强化亲昵感。如果对性生活的拒绝和退缩已经延续了较长时间，那就表明问题已经严重了，需要求助性治疗专家。

35. 丈夫延长射精很重要吗

也许你认为自己达到性高潮的时间太短了。如果你确实是这样，你并非是孤独一人。美国性学家金西在他的性调查研究中发现，四分之三的男性在接触对方后，两分钟以内射精。男性射精的时间有明显的个体差异，其中有的人比其他人快些。

你自己的性问题随时间的变化也会明显不同。总之，离你最后一次性高潮时间相隔越久，达到性兴奋的时间就越短。在连续的性生活中，要达到第二次或第三次性高潮所用的时间会越来越长。

一些丈夫因为害怕射精过快而导致回避性生活的心理，不是怕配偶失望就是怕自己尴尬。他们认为自己在性生活中表现欠佳，就逃避做爱，甚至分居。

不少丈夫把性生活中能够坚持多久看得很重，错误地认为这是做爱中的重要因素。然而，妻子并不只是对性交感兴趣，她们更需要温柔爱抚，容易被那些会欣赏自己和为自己带来快乐的男性所吸引。另一个陈旧的观念是：达到性高潮时性交就应该停止了。即使你很快射精，那么还有很多方法能够继续使配偶得到快乐和满足。

能够延长性高潮到来时间的丈夫，通常更了解自己的性兴奋规律，因为他们的性兴奋需要缓慢地唤起。他们延长射精的技巧之一，是减少引起性兴奋的刺激源。

有许多解决射精过快问题的方法。如果你为此担忧或者已为此扰乱了你的性生活方式的话，你可以向一位专业的性治疗师请教，或许他能够提出某些帮助你改变的办法。

36. 男人也会缺少性高潮吗

迄今为止，关于男人性高潮的本质，仍在被男人和女人误解着。人们通常以为，男人的性高潮就是射精。其实不然，男性从勃起到射精之间，有许多不太被重视的感情体验，它们没有被认真咀嚼、开发和解释。其实，射精不过是一阵肌肉痉挛，许多男人在这一瞬间除了从肉体上感到痉挛似的抽搐之外，并未体验到真正的激情和愉悦。射精不一定是达到性高潮的证明。性高潮包含着一系列的激情体验，包含肉体的、心理的、精神的、情感上的难以名状的丰富享受。许多丈夫经常在射精时达到性高潮——如果射精是发生在深度的爱情体验之中的话，但也有些丈夫射精时没有任何高潮体验。

妻子知道自己达不到性高潮的滋味，并且由于妻子认为丈夫总能射精达到性高潮，因而当自己达不到性高潮时就容易抱怨丈夫；但她们并不知道，男人也经常达不到性高潮，甚至有的男人从无真正的高潮体验，只有射精。连男人自己也不明白这一事实。遗憾的是，丈夫与妻子之间又很少真正为此事而沟通：丈夫习以为常，妻子羞于启齿。心灵上处于"未发动"状态，以致捕捉不到对方的激情与感受，其结果是越想达到性高潮，就越发感到不如意。久而久之，妻子厌倦，丈夫遗憾，一对对"性生活不和谐"的伴侣就在岁月的流逝中忍受着性爱的饥渴。认真地说，夫妻之间的性爱应当是最完美的性爱。那是两个人心灵融合之后的爱，准备永久相随相伴的爱，乐于去创造新生命并哺育新生命的爱，愿为双方的快乐与健康而献身的爱，一生一世都要相互拯救的爱。这样，在夫妻性生活的甜蜜温馨之中，才能用柔情的目光去欣赏对方，用敞开的心扉去包容对方，用放松的身体去温存对方，用信任、理解、接纳去激励对方，用感激与酬答之情去享有对方，然后体验到世上绝无仅有的那种性快感，而不仅仅是性器官之间的约会与应酬。当然，并不是说，一对真正相爱的夫妻每次性生活都能如此完美地领略性高潮，但性生活毕竟是两个人身心上的爱情享受，而不是性器官的约会。从这个意义上说，夫妻不仅要学习有关性的科学知识，更要在"房事"上多多沟通交流，增进夫妻在情感和心理上的亲密关系。"性生活是夫妻感情的晴雨表"，此话不无道理。

37. 夫妻性生活有什么方法技巧可学吗

关于调节夫妻性生活，确实没有万能的妙方。两个独特的人走到一起，发展一种亲昵的关系，最终会走向性生活的乐园。此后，他们在很大程度上是自己去体味怎样的性生活是快乐的、满意的。个体与个体之间，性生活方式的差异绝对存在，而且是千差万别。

当然，如今市场上有些书可以帮助夫妻提高性生活质量，不过，就像人们在尚未学习初级算术时不会去上微积分课那样，连起码的性知识都不具备的人就去学习性技巧，也往往是徒劳无益的。夫妻性生活的体验是一个自然的渐进过程，夫妇最初习惯采用的性爱方式，对他们来说是很重要的，不会轻易改变。

近年来，随着社会的开放，许多介绍性技巧的书籍、光碟等，或公开或秘密地在大众中间流传。它们介绍做爱的各种姿势、环境氛围，甚至灯光、音乐、语言等。然而必须指出的是，没有任何一种技巧是对每对夫妻都适用的。因为，性生活不同于机器运转，无法遵循一套事先设计好的"操作程序"。现代夫妻通过性生活获得身心愉悦，同时促进感情表达和思想交流，每个人到底采取什么方式，只能根据他们本身的条件如性格、文化修养、生活经历、身体状况，以及实际的环境允许程度如住房、子女、经济生活条件等而加以选择。性技巧有极大的灵活性和随意性。

有些青年夫妻，看了一些"示范"的光碟，深受其影响，一味在性技巧上煞费苦心，把夫妻做爱当作一件精益求精的"工程"，事先做了一番"应当怎样怎样"的设计，结果适得其反。由于受"技巧"的条条框框束缚，性生活方式过于拘泥，使双方亲昵感降低，在一种"例行公事"般的繁琐程序中，双方忽略了真正的感情沟通和心理交流，使一方或双方失意。这便是"单纯技术观点"带来的苦果。另一个问题是夫妻双方无论怎样照搬"样板"，但对技巧的理解、掌握、发挥并非总是一致的，这又常常引起双方做爱时的矛盾冲突，使性生活中途受阻，甚至由此产生心理上和机能上的障碍。

38. 婚姻是性爱的天堂吗

从性生活的角度来说，婚姻的意义似乎是双重的、矛盾的。一方面，结婚使夫妻的性关系得到法律和社会的认可，使性生活有了一个自由而安定的环境，夫妻不必顾虑外界的干扰，可以尽情欢愉,不带防范与羞涩心理,因而易于达到高度的性满足;但是另一方面,随着时间的推移,夫妻之间越来越熟悉,当初的新奇感会渐渐消失,性的反应强度会降低。新婚蜜月期所能达到的那种高度的性快感,很难长期保持下去。在双方都就业的情况下,夫妻为事业奔波加上日常家务琐事的操劳,使他们耗费太多的时间和精力,工作和生活中又常常免不了挫折和忧虑。如此种种情况,都会使双方的性欲望受到影响。一般说来,随着婚姻岁月的延续,再亲密的夫妻,也会感到他们的性生活逐渐变得平淡。夫妻在婚前大多以为婚姻是性的天堂,设想每一次的性生活都是热烈、浪漫、温馨和满足的,这种享受会无休无止。可是结婚后,夫妻很快便会发现,事实并非如此。可以说,性生活的充分享受和完全满足,在婚后,特别是生儿育女之后的大部分时间内,都是不切实际的幻想。婚后的性生活,不过是内容丰富多彩的整个婚姻生活的一部分;夫妻的性表达是双方表达与交流亲昵感情的许多方式中的一种,而整个夫妻关系的和谐美满,比单纯的性关系丰富得多。如果不明白这一点,带着对婚后性生活的过高期待,或者把性生活看得比婚姻中的一切都重要,是一定会失望的。因为,夫妻婚后要同甘共苦、同舟共济、生儿育女,有太多内容超越性爱。如果没有这样的心理准备,把性生活放在不恰当的位置,就容易产生矛盾。

39. 怎样认识自慰(即手淫)

自慰,很难对其下一个准确的定义。通常的定义是指为了获得性快感而自我刺激性敏感部位的行为。自慰是一种非常普遍的性活动。有些学者认为，每个人都可能手淫；也有学者得出的统计数据表明，96%的男性和63%的女性在他们生活中的某些时候有过手淫，并且女性的手淫比例有明显增多的趋势。

人们经常推断，人们结婚以后自慰大概会明显减少或停止。其实事实并非如此。很多已婚夫妇发现，他们仍然希望单独自慰，或者他们将自慰结合到夫妻性生活之中。自慰甚至可以持续到老年期，频率随着健康情况、宗教信仰以及离婚或丧偶等个人具体情况而变化。

在自慰活动中，性幻想具有举足轻重的作用，即自慰常常伴有性幻想。然而，如果一个人的性幻想发展到非变为现实不可的严重程度时，这种性幻想就有害了。

40. 新婚期很容易发生丈夫早泄吗

初次性生活或新婚期的夫妇经常会遇到男性射精过快的问题，让他们感到十分沮丧，美好的新婚之夜让性生活初次失谐而蒙上阴影。个别丈夫因为害怕射精过快而发展为一种回避性生活的行为。他们躲避妻子，不是因为怕使妻子失望就是怕自己处境尴尬。他们认为自己的性能力欠佳，因而逃避做爱。

新婚期男性射精过快的原因有很多，主要有以下几种：①过度的性兴奋。男性自从有青春期性发育开始，就梦想有朝一日能够与女性同床共枕，当新婚之夜或初次性生活的机会来临之际，他们的性兴奋程度是前所未有的高涨，由于过度紧张自然容易产生早泄。②担心手淫引起早泄。很多青少年男性都有过手淫，他们一方面感到快乐；另一方面也时时担忧，害怕手淫会伤害到性功能，甚至看到有些书籍写到过度手淫会引起阳痿和早泄，他们长期担心的事情被应验了，其实是预期的条件反射。这就是为什么错误的教育观念如此有害。早泄的本质还是紧张。③女性性反应的刺激。真实的性交过程与手淫不同，一个是自我抚慰，一个是两人的性活动，来自女性的反应造成更大的性刺激，让男性射精更快。④素质型的早泄。本来有些人就是射精过快类型的人，如同每个人个子高矮不一。但绝大多数在初次性生活中快速射精的人不是真正的素质型的早泄而是因为高度的性兴奋所致，能够妥善处理，今后会有良好的性生活。

41. 男性对早泄的误解

早泄是一种常见的男性性功能障碍。以往对早泄的诊断着重在时间上，认为从阴茎插入至射精的标准时间为2～6分钟，于是这个时限便成为判断早泄的标准。但是，在性生活中很少人有用钟表来计时，这种判断方法给人们带来不少困惑和误解。目前，科学上以性生活的满意度，而不是简单地以几分钟或抽动多少次为判断早泄与否的标准。

对早泄的第一个误解，是认为手淫会引起早泄。很多男性认为，早泄是严重的问题，他们常将早泄的原因归咎于自己手淫，并为自己的"过错行为"而感到极度的懊悔。然而，研究发现，6%的早泄者从来没有手淫，25%的很少手淫。一般男性中90%以上的人有手淫，但很多有过手淫的人并没有早泄。很多现代性学家认为，手淫不但不会引起早泄，而且还可能预防和治疗早

泄。当然，在手淫过程中，排除紧张和快速射精的习惯有助于改善早泄。

有关早泄的第二个误解是治疗早泄要去根。早泄能不能去根，关键要看患了哪一种类型的早泄。早泄可以分为生理型、心理型和境遇型三大类。还可以根据患早泄的时间，分为原发性早泄和继发性早泄。原发性早泄是指从开始性生活时就出现，而且一直持续。继发性早泄是指有过一段时间正常性功能，也就是无早泄阶段，后来出现了早泄。继发性早泄多数是在染上其他疾病后或者在特殊的环境下出现的。

根据早泄的分类，我们就可以判断哪些是能够彻底治愈的，而哪些是不能完全治愈的。与性生活技巧缺陷有关的早泄，新婚夫妇因为紧张而发生的早泄，随着性技巧的熟练掌握或经验的增加，对射精潜伏期单方面的不满足会逐渐减少，也就比较容易治疗。对于继发性早泄，只要针对病因施治，就能够去根，比如前列腺炎后出现早泄，只要前列腺炎治好了，性功能也就会随之慢慢恢复。原发性早泄的治疗比较困难。很多学者认为，有部分人的早泄是天生的，即素质型早泄，它就好像人的个子高矮一样，并不是什么病，当然也就不存在彻底治疗的问题。不了解所患早泄类型，根治也就无从谈起。

对早泄的第三个误解是，减少与配偶身体接触能够使早泄改善。很多人认为是自己太敏感才发生早泄，于是在性生活时尽量避免前戏或抚摩过程，结果仍然发生早泄。确实，在性兴奋程度过高、神经敏感和紧张情况下，容易发生早泄，但越是减少性接触，越是避免前戏，碰到女性身体时性兴奋就越强烈，也就越容易出现早泄。丈夫发生早泄后心情很复杂，主要是感到羞愧，觉得对不起妻子,自己也没有面子,所以他们尽量回避性生活。研究发现,有44%的早泄者回避性生活,结果因性生活少,性兴奋度高,反而"创造"了发生早泄的条件。

42. 女性对早泄的误解

女性对早泄有三个误解。

一是认为早泄是男方的疾病,与我无关。事实上,早泄与其他疾病不同,是一种相对的疾病,与女性紧密相关。比如,一个射精潜伏期是5分钟的男性与一个性高潮潜伏期为6分钟的女性结婚,这位男士很可能就是早泄者,因为他的射精潜伏期比女方性高潮潜伏期短1分钟。但是,如果他与一个性高潮潜伏期为4分钟的女性结婚,他就不是早泄者,因为他还有一分钟的余地。研究发现,男性平均的射精潜伏期大约是12分钟,而女性希望男性的射精潜伏期约为11分钟,差别并不明显,但有34%的女性希望男性延长射精潜伏期,这是出现遗憾情绪的原因。所以说,早泄不仅是男性的问题,也是女性的问题,在某些情况下,缩短妻子的性高潮潜伏期就等于延长了丈夫的射精潜伏期。

二是治疗早泄应该是男人自己的事。其实,治疗早泄应该是男女双方的事。更重要的是,早泄是在性生活中发生的,而性生活又是夫妻双方共同进行的,所以治疗早泄要夫妻配合。目前,比较流行的行为治疗方法要求夫妻共同完成治疗早泄的任务,妻子的理解和配合能够减少丈夫的紧张和焦虑,这是治疗的一部分,如果妻子采取冷淡或歧视态度,就会使早泄进一步加重。

三是认为早泄不是病,慢慢就会好。早泄多数并不影响生育，很多人也没有将早泄当作什么病，甚至一些学者也认为，早泄到了老年自然会慢慢缓解，就不需要治疗。事实上，如果早泄发病早，尤其是原发性早泄从性生活开始就存在，可持续几十年，这样的性生活怎么能够等它慢慢好起来呢？对任何早泄来说，都应该提早治疗，而且越是早治疗效果越好。因为早泄会形成条件反射，越怕早泄就越紧张，越紧张就越容易出现早泄，夫妻对性生活质量的不满也加重各自的心理负担，这样慢慢地形成了恶性循环，对早泄治疗没有益处。

43. 丈夫做爱时间长短很重要吗

新婚期或刚刚开始性生活的人不要过于紧张，因为过早地射精与性兴奋密切相关。每个人的射精潜伏期随时间的变迁也会有所改变。我们首先介绍一个不应期的概念，男性在一次射精过后要间隔一定的时间才能够再次勃起而过性生活，这个间隔时间称为不应期。年轻人是几十分钟到几小时，而中老年人需要几天。性生活间隔时间越久，达到性兴奋的时间就越短，就越容易发生早泄。而重复或连续过性生活，要达到第二次或第三次性高潮所用的时间会越来越长。新婚期如果出现早泄，千万不要紧张，应该在短暂的恢复后继续过性生活，第二次性交的时间会明显延长，心情会明显改善。

有些男性把性生活中能够坚持多久看得很重，他们错误地认为这是做爱中唯一的重要因素。然而，女性并不只是对性交感兴趣。她们更在意温柔情趣。妇女能够被那些会欣赏自己和为自己带来爱情的男性所吸引。夫妻性生活中过快射精的男性会感到尴尬，产生内疚感，自然不能让妻子达到性高潮。这种情况如果严重才诊断为早泄，当然要医生最后确定。

新婚期早泄最需要妻子的理解和宽容，这样可以减轻丈夫的自卑和尴尬，也有助于丈夫早泄情况的自然缓解。如果夫妻能够共同咨询医生，则起到事半功倍的效果。

44. 什么是"春药"

"春药"并没有一个明确的定义，许多性学词典也没有这一词条。但在民间流传关于春药、性药、媒药、淫药、房术药等的说法。古典小说中此类名词也屡见不鲜。小说《金瓶梅》中的西门庆就是服了3粒所谓"春药"，导致射精不止，精尽流血，不久便一命呜呼。《中华性学词典》中春药的定义是："旧社会男子或妇女用来刺激性冲动的药物。常被歹徒用来作为诱骗、玩弄妇女的手段。"这个定义提出了两个要点，一个是用来刺激性冲动，也就是说原本没有性冲动的情况下，服用春药可以诱发性冲动；另一个是非医疗目的的不正当使用。

随着现代医学的发展，人们迫切地要求对各种性功能障碍进行治疗，从而出现了对"性药学"的研究，使"春药"成为某种治疗性功能障碍的药物。

现在所谓的"春药"大致有三种作用：第一种是服用后在短时间内出现催情作用，也就是提高性欲，可以治疗性欲低下；第二种是能够延长勃起的时间和增加勃起的硬度，主要是治疗男性的勃起功能障碍（以往称为阳痿）；第三种是延长射精时间，主要用来治疗早泄。现代人对"春药"应该有正确的认识，如果以提高夫妻性生活质量为目的，"春药"就是治疗药物。目前正在开发和研制的治疗性功能障碍的药物在某种意义上说全是"春药"。但到"伟哥"出现为止，没有什么药物能够从安全性和疗效方面满足临床治疗的需要。

45."伟哥"是不是"春药"

"伟哥"的学术名称是西地那非，商品名是万艾可。"伟哥"的出现引发了春药研制的热潮，但对"伟哥"应该如何看待呢？实话实说"伟哥"不是传统意义上或狭义的春药。首先是"伟哥"对男性和女性的性欲没有什么影响，任何人服用后如果没有受到性刺激，或者本人没有性要求，就不会有任何生理和心理反应。举个例子，如果一个患有勃起功能障碍的丈夫在服用了"伟哥"之后，突然接到单位的紧急电话，必须赶往单位处理突发事故。他可以如其他没有服用"伟哥"的人一样完成工作，情绪丝毫不会受到影响。因为没有性欲刺激，等于"伟哥"不会发挥作用。这就是"伟哥"最大的优点，它本身不会刺激性欲，不能用于欺骗或诱发性欲。对性功能完全正常的人，服用"伟哥"没有什么明显作用，也就是"伟哥"必须用于有勃起功能障碍的人。对患有勃起功能障碍的病人，"伟哥"实际上只是延长了勃起的时间和增加勃起硬度。应该说"伟哥"是标准的治疗药物。国际上也对"伟哥"能不能治疗女性的性功能障碍进行研究，结果是否定的，所以"伟哥"不能用于女性。"伟哥"的治疗原理决定"伟哥"除了对心因性阳痿病人可以治愈外，对其他器质性阳痿不能根治，正如中医所言治标不治本。我国引进"伟哥"已经十几年了,总体上是非常安全的,药店已经有售,但还需要提高警惕。有心脏病或服用心血管药物的患者不能服用"伟哥"或者要在男科医生的检查和指导之下服用"伟哥"。

46. 性高潮未必要同步

有许多书籍把男女同时达到性高潮描述为性生活的最佳状态。这就给人们一个错觉,似乎男女不能同时达到性高潮总是有所缺憾或不够完美。

从男女两性的生理特点来说,女性的性高潮应是越早越好,男性性高潮应是越晚越好。这是因为女性有多重性高潮的能力,性交持续时间延长,可领略多重性高潮的愉快;而男性性高潮在一般情况下与射精同时发生(在特别情况下也可发生多次性高潮),因此应尽量延迟,否则一旦射精,性高潮来临的同时也意味着性交的结束,女性不会再有获得性高潮的机会。从生理机制上看,男性的射精享受和与女性的性高潮快感是对等的。但男性却将早泄定为性功能障碍,要进行治疗;而男性的晚泄却常常被看成是性能力强的表现而无须治疗。女性的"早泄"(性高潮来得快)被认为是正常或性能力旺盛的标志;而女性"晚泄"(不容易达到性高潮)却被定为性高潮延迟,需要治疗。同样一件事物,正常与否由性别决定,确实有些好笑。其原因正是反映了人们希望把两件本来就不易同时发生的事件刻意要纠结在一起。

总体而言,性高潮同步固然好,如果不同步,但夫妻双方都达到满意,最终也都达到性高潮仍是正常而完美的,千万不应该把所谓的同步性高潮当作目标,使本来已经很完美的性生活平添

遗憾。

47. 性交时间应该多久才好

性交时间的长短是没有标准的，每对夫妻、每个人的差异很大。性生活和谐的主要标志，不是时间长短，而是看两个人是不是都能享受快乐。在做爱中也没有必要过分延长时间，只要两个人都能体验高潮或快乐，就算理想。由于每个人的体质和体验不同，做爱时间也不同。

一般来说，夫妻在过性生活时，从双方性兴奋开始到性高潮结束，在正常情况下，持续时间是 5～20 分钟，也有比这更长一点的。在进行性生活时，不仅双方性器官处于高度充血状态，而且从性兴奋期到高潮期，身体的许多组织也参与了这一特殊生理过程，如：心跳加快、血压升高、呼吸加深加快、全身皮肤血管扩张、排汗增加等，因此，在这一过程中，机体的能量消耗明显增加，代谢增强。如果每次性生活的时间持续很长，就会使人体的能量消耗过多而令人感到疲劳，甚至出现精神倦怠、全身乏力、肌肉酸痛等不适，这可能影响第二天的工作和生活。

最理想的性生活是夫妻双双达到和享受性高潮，让双方积聚的性冲动能量得到完全的释放，从而达到身心的极大满足。对于丈夫来说，只要没有射精障碍，他就能轻易达到生理上的性高潮。所以相对来说，决定性生活是否和谐的关键在于妻子是否能够达到和享受性高潮。

一些深爱丈夫、没有性观念压抑的妻子，她们是较为容易达到性高潮的，甚至是丈夫的轻轻爱抚、几句爱语就足以令她们情欲高涨，从而也就能够轻易达到和享受性高潮。在此情况下，性生活时间即使只有短短几分钟，也能令夫妻双方享受性欢愉，达到性和谐。

而一些对性有负面认识、体验，或者在性生活中惯于被动等待的妻子，需要较长时间、较大强度的刺激才能充分激起她的性兴奋、性冲动，这就需要较长时间才能达到性高潮了。所以，性交时间长短是很个性化的事。

如果双方的身心都很健康，而妻子又经常体验不到性高潮，那么丈夫就真的需要为改善性生活质量做些努力了，没有什么东西是可以不经过努力就能轻易得到的。值得注意的是，在性交时达不自己所希望的高潮体验，未必就是有病或早泄，不要自己诊断所谓"性功能障碍"，更不要与人家攀比。

48. 妻子月经期可以过性生活吗

月经期是指月经持续的天数，一般为3～7天。女性个体之间有较大差异，但每个女性本身基本是规律的。

月经是女性正常的生理现象，经期一般无特殊症状，但受内分泌影响，盆腔充血，部分人可能有轻度不适感，如下腹胀、腰酸、乳房胀痛、腹泻与便秘等。

月经期的身体抵抗力往往比平时低，子宫内膜又形成创面，子宫颈口松弛，此时如有感染，容易上升至盆腔器官，因此一般人认为月经期应避免性交。

对于性生活规律、月经期较短的妻子来说，月经期避免性交自然是件好事，这也是一种性生活假日，此时夫妻都可以使身心两方面得到放松和休整。而某些女性在月经期会表现出情感脆弱，甚至易发脾气，更多人表现在来月经之前，故称为经前期紧张症。那么，此时丈夫应当尽量宽慰妻子，即使不能性交也应增加身体的爱抚，使妻子不因月经期不能性交而感受到被冷落。

月经期是否过性生活，关键取决于双方的态度，更主要是妻子的感受。有些妻子只有在月经期才会性欲高涨，更容易达到性高潮，那么就可以考虑性交。有些夫妻长期分居，好不容易团聚几天，此时巧遇月经期，夫妻都有性交的要求，那么也完全可以放心大胆地性交。但是月经期月经血量较多的头几天，仍然不适合性交；而血液稀少的时候在保证卫生的前提之下可以性交。当然，月经期性交不能太过于剧烈，以免增加出血量，或引起妻子腹痛等。有过月经期性交后身体不适的妻子，应尽量避免月经期性交。月经期性交要使用安全套，主要是防止病菌进入宫腔。

以往民间把月经期性交而接触到月经血流称为"撞红"，认为不吉利，其实这不过是民间性禁忌的一种，其意义在于能够阻止丈夫在妻子的月经期强行与之性交。但现代科学告诉人们，"撞红"对丈夫并不会有任何害处，只是可能增加妻子感染的概率而已。

49. 怀孕期和产褥期要节制性生活吗

妻子从受精怀孕到分娩胎儿的整个过程大约需经历280天，每28天称一个孕月，共10个月，故人们常说十月怀胎，这10个月也称为妊娠期。医学上又将前3个月称为妊娠早期，后3个月称为妊娠晚期，中间4个月为妊娠中期，而分娩后的2个月称为产褥期。

妊娠早期是受精卵在子宫内着床并开始发育的早期阶段。当妻子月经期明显延迟时，应首先考虑是否受孕，然后到医院进行妊娠反应试验。夫妻身体健康者，妊娠早期，夫妻性生活一般对胎儿发育无不良影响，但有过早期流产者应尽量避免性生活。妊娠头3个月因生理上的变化和激素的改变，妻子可能有疲乏感，常出现恶心、呕吐，食欲不振等早孕反应，此时可能性欲不强，更为需要的是丈夫的关怀和照顾。

妊娠中期的妻子已经大多适应了妊娠反应，身体不适也基本消失，虽然此时腹部已开始隆起，但尚未达到妨碍性交的程度，也可认为此时是孕期做爱的最佳时机。大多数妻子，在妊娠中期情绪较稳定，心情很轻松，她已顺利度过早孕阶段的生理不适和缓解了对怀孕的恐惧感，对今后的分娩有了思想准备，同时也沉浸在将做母亲的快乐之中，所以此时性交频率往往略有增多。有些妻子，此时在性交中的高潮和消退期都比非孕期延长，以致性交结束后一小段时间里，仍处于子宫收缩的快感之中，这并非罕见。有些孕妇首次经历这种情况会感到惊奇，担心会出什么差错，甚至认为会引起早产等，这是没有科学根据的。妊娠中期性交以侧位，背位和女仰卧男跪或站位较合适，这些体位可减少对孕妇腹部的压力。

妊娠末期已临近分娩，孕妇腹部高高隆起，必定会产生沉重感和睡眠不适、疲劳等现象，需要多休息。此时做爱还会加重妻子的心理负担，因为怕影响胎儿的正常发育和分娩。有些夫妻此时期仍继续性生活，未感不适，但无论如何，在妊娠最后一个月里应终止性交，以免造成不良后果。

在分娩后的两个月内，应避免性交，因为此时子宫以及附近的肌肉组织正在复原的过程中，还处于松软脆弱阶段，性交易造成感染和损伤。此时应增加对妻子的温存爱抚，这有助于妻子恢复性欲，为重新开始性生活做准备。

一般认为，早孕3个月，孕末3个月以及产褥期2个内禁止同房。但每对夫妻情况不同，文化知识、身体健康程度、卫生条件和生活环境不尽一致，人们完全可以依照自己的方式决定是否过性生活，但妊娠末期1个月和产褥期6周内应绝对禁止性交。

50. 女性的性高潮障碍有哪些原因

女性性高潮障碍也称为性高潮受抑制，是指一个性欲正常，在性交过程中有明显的性兴奋即阴道分泌物和生殖器肿胀，但是体验不到性高潮，达不到最高层次的性满足的情况。

以往人们认为，妻子在新婚后的一两年内达不到性高潮是正常现象。而随着夫妻双方性生活的和谐与性技巧的熟练，性生活的最高境界才被开发出来，女性在获得性高潮后对性生活的渴望明显增强，民间戏之为"三十如狼、四十如虎"。而男性的性能力的高峰期在20岁左右，此后一直走下坡路，难怪某些性学家曾提出，从性能力和性欲的角度出发，20岁的男性与30岁的女性结婚，即女大男小才是天经地义的搭配。但近十几年来，人们性观念逐渐变化，从对性的排斥，转为对性的接受，女性的观念变化更为显著。因而女性领略性高潮的体验明显提前，在一些思想开放的女性中，根本不存在所谓的开发过程，新婚之夜就可享受性高潮。

但是性高潮并非人人皆有,能够获得性高潮的女性也不可能每次性生活都达到性高潮,有多种因素会对其产生影响。妻子不能达到性高潮的原因有以下几种:

(1) 少女时期形成的消极性观念影响

许多女性在少女时期或幼年时期接受了不当的性信息,这些消极的性观念便以潜意识的形式藏在心底,对成年后的性态度和性行为会产生深远的影响。比如,一个在离异家庭中成长起来的女孩,从小接受母亲的错误观点,认为天下男人都靠不住,将女人生活的不如意归咎于男人的负心。这个女孩长大之后,尽管能够结婚生子,但缺乏对性生活的热情,只是尽妻子的义务,自然不容易达到性高潮。

(2) 性知识贫乏

要想达到性高潮,必须有相应的心理准备,有良好的前戏,达到强烈的性兴奋;丈夫要对妻子的性敏感区进行爱抚,要循序渐进,不可急于求成。丈夫也应知晓妻子达到性兴奋的一些信号,如乳房的增大、阴蒂的隆起、阴唇的肿胀、颜泽变深,以及阴道出现分泌物等。如果不了解这些性常识,急于将阴茎插入,女性阴道疼痛,自然会反感性交,更说不上性高潮了。

(3) 性交环境

性生活是一种隐私性极强的活动,除夫妻之外不应有他人在场,如果性生活环境不安全,如与其他人共用一套房间,或墙壁不隔音,担心隔墙有耳或怕有人临时来打扰等,均会造成精神紧张,精力不易集中,自然会影响性高潮的体验。

夫妻做爱时不但要门窗紧闭,还要关掉手机等,保证不受意外的惊扰。

(4) 身体不适或疾病

有些妻子在身体不适的情况下，勉强应丈夫的要求过性生活，显得力不从心，又担心丈夫不满，自然难以达到性高潮；也有的妻子因生殖器炎症，造成性交时疼痛，影响性高潮。

(5) 没有安全的避孕措施

有些夫妻在没有采取安全可靠的避孕措施时过性生活，因为妻子可能担心是否会造成怀孕，精神紧张，而不可能达到性高潮。

(6) 早年的不良性经历

个别妻子在婚前的某一时期有过不良的性经历，如遭强奸、诱奸，婚前与男友发生过性关系后被遗弃，因此在正式结婚后，以往的经历明显地影响其性心理。还有些妻子担心处女膜问题，这既可能对性生活产生疑虑，又可能因为内疚而影响性高潮的获得。

(7) 丈夫有性功能障碍

某些妻子本身完全正常，可是丈夫有性功能障碍，尤其是早泄，这使妻子几乎难于达到性高潮。如果丈夫懂得阴蒂爱抚或口与生殖器接触，可以使部分妻子达到阴蒂型性高潮，否则就根本不会达到性高潮。

综上所述，妻子并不是很容易达到性高潮，有以上诸多原因，关键是要夫妻共同努力，克服阻碍获得性高潮的不利因素，最为关键的是夫妻感情和睦，丈夫懂得妻子的情感需求，也掌握必要的性生活技巧，那么妻子达到性高潮就自然是水到渠成了。

51. 妻子哺乳期的性生活

哺乳期指产后开始哺乳到停止哺乳的一段时间,一般为一年左右。有些妻子产后2～3周就有性生活,但最好是过了产褥期即8周后才开始性生活。

哺乳期的妻子为了照顾婴儿和夜间喂奶,要付出巨大的体力消耗,并且又沉浸在母子亲爱的喜悦之中,很少会对性生活有强烈的兴趣;此外,由于哺乳期体内催乳素含量增高,本身也抑制性欲,所以这一阶段往往是妻子对性生活的冷淡期。然而,丈夫在经过妊娠末期和产褥期耐心的等待之后,对性生活的要求甚为强烈,或者达到忍耐的极限,因而此时夫妻恢复性生活是非常重要的。

哺乳期性生活首先要注意时间,因为母亲照料婴儿已经疲惫不堪,如果性交的时间拖延过长将导致她厌恶性生活。此外,作为母亲,其天性是此时将照顾婴儿放在首位,夫妻之情放在次要位置,这是动物遗传的特点,以保证物种的延续。作为父亲,此时也应将婴儿的需求放在首位,尽量帮助妻子将婴儿照料好,使妻子有时间和精力来做爱,甚至有些妻子将做爱看成是对丈夫辛劳的回报。

哺乳期妻子最大的特点是乳房丰满,充满乳汁,甚至在性兴奋过程中会有溢乳现象。这是妻子很特殊的一段时期。在实行计划生育政策后,多数妻子只有一次哺乳期的经历,此时丈夫应充分利用,带着一种审美的目光来注视妻子。女人在哺乳期是美丽的,她对乳头刺激也充满敏感,个别母亲甚至可能通过婴儿的吮吸引发子宫收缩而达到性高潮。因此，丈夫的各种爱抚此时也大有用武之地，可尽情体验哺乳期妻子的各种生理特点及非同寻常的反应。

哺乳期也是妻子身心变化的一个关键时期，此时的饮食、活动、情感都会有较大变化。夫妻应经常对共同关心的问题进行探讨，互相了解和体谅，为今后生活更加幸福美满打下良好基础。性生活是其中重要的一项，而与性生活有间接联系的因素也应给予充分注意。比如，形体的复原问题，哺乳期既要保证营养，又不可过于贪吃，免得哺乳期过后形体肥胖。有些产妇三个月后开始健身训练，其实这一切都与性生活和谐有关系，产后健身既可增强体质，又可以恢复体形，从而增进夫妻性爱的情趣。

52. 存乎于心的性和谐

夫妻性和谐是很重要的。但是近几年来，随着性知识的普及，却出现了一种不良的倾向，即对性和谐的侧重点放在了性交技巧而不是情感交流方面。其实，这不但不会增进性和谐，反而可能将原来和谐的性生活误以为不和谐而弄巧成拙。

任何人都会清楚地记得，当首次与异性接触时，哪怕只是拉拉手、拍拍肩或只是轻轻的拥抱或深情的一吻，都会引起强烈的情感激荡或高度的性兴奋，这就是心灵深处的性感交流，即使没有进一步的性交，双方也会有愉快的感觉。

婚后的性生活往往会因为过于规律化而失去新奇感，夫妻双方可能渐渐觉得性生活单调乏味。其实，这正是夫妻双方忽略了性生活的感情基础。如果婚后仍同婚前一样，保持亲密之情，多点温存爱抚,那么不和谐的性生活就不会有人们想象的那么多。

当今是信息时代,是知识爆炸的时代。社会的改革开放,解除了人们对性的不当禁忌,性信息前所未有地大量暴露于受众面前。人们开始了解什么是性高潮,什么是早泄,什么是性生活和谐,什么是同步性高潮,甚至个别人从淫秽下流的黄色录像或小说中寻求性生活的刺激或榜样。于是,有些人开始怀疑:自己或自己的配偶正常吗?自己的性生活为什么没有像书上说的那么美妙?其实这正是对夫妻性生活的极大误解。许多人把性生活过于技术化或标准化了。设想一下,人的外貌有高矮、胖瘦、美丑等差异,身体有强弱之分,反应也有敏捷与迟钝之别,对事物的态度自然也有喜爱与厌恶等不同表现,怎么可能使两个完全不同的人在性生活中做到完全一致呢?所以性生活的和谐,更主要的是内心的性和谐,而不是单纯的性交生活的和谐。

当夫妻加强感情呵护,性生活时注重爱意的表达,性生活自然是水乳交融的,不需要任何修饰或改造。性生活本身并没有固定不变的模式或标准,每对夫妻完全可以根据自己的意愿去过性生活,只要是自己满意的性生活,就是和谐美满的。

53. 婚姻不是满足性欲的"天堂"

"性"在婚姻中究竟是何种位置呢?对这个问题的回答,必然又是见仁见智,并且是因人而异的。不能否认,在男女自由恋爱的今天,大多数人的婚姻是建立在爱情基础上的,而爱情又多半是从"坠入情网"开始的,其中,性是"坠入情网"的最大动力。但是可以肯定地说,婚姻不可能成为性享乐的天堂。性在

现代夫妻关系中固然重要——生儿育女、表达爱情、享受快乐、增进健康。然而，性再重要，它绝不是夫妻生活的全部。

绝大多数的夫妻在其结婚一两年之后，尤其在孩子出生之后，就很难保持新婚蜜月的那种"性激情"了。在夫妻生活的漫长岁月里，有太多的内容超越了性，丰富于性，长久于性。夫妻从相识、相知到相爱、相伴、相守，从友情到爱情、亲情、恩情，共同抚育儿女，彼此相依为命，同甘共苦，同舟共济，疾病中的关怀……几乎要融入人类两性之爱的全部美好情感及道义责任，那岂止是一个"性"字可以承载的？

可惜，现代男女在解读性的重要价值时，却忽视了婚姻的本质、要义及其神圣性。不少人在结婚前几乎天天出口的"我爱你"，有多少不过是表达着短暂的生理渴望或心理欲求，其实与神圣而恒久的婚姻关系风马牛不相及。但声称"我爱你"的男女却匆匆走入了婚姻殿堂。他们可能很快发现，当初所谓的"爱"，不过是"性"的华丽包装，经不起岁月的检验。如果双方都明白过来，努力去补充夫妻之爱的重要内涵，让性爱在岁月的磨砺中得以丰富、发展和成熟，成为夫妻的真爱（包括性爱和情爱），那就有天长地久的希望。如果不是这样，婚姻就有短命的危险。君不见，在所谓"审美疲劳"、"心理疲劳"的借口下去另寻新欢、弃旧图新者，不乏其人。殊不知，再过上一两年，当"新欢"成了"旧交"，"审美疲劳"、"心理疲劳"再度袭来，有人可能还会去重复昨日的故事。于是，第三者、第四者、第五者接踵而至，婚姻幸福仍是遥不可及的梦。本来嘛，婚姻并不是性的天堂，如果妄想婚姻中的"性"是一场又一场高潮迭起、永不落幕的激情戏，那是注定会失望的。

54. 重视性安全，预防性疾病

由于性行为是享乐行为，人们容易为了享乐而不惜冒险。性病传染源正是那些经常有冒险性行为的人群。而患性传播疾病的人本身往往又没有保护他人不受感染的愿望，有时还恰恰相反。现在人们一直在寻找预防和控制性传播疾病的有效方法，鼓励人们提高安全性行为意识。安全性行为是指不会因性行为而染上性病（包括艾滋病）。最安全的性行为即夫妻间的性行为，而夫妻双方均无婚前或婚外性行为，更是绝对安全的。

非夫妻之间的下列性行为都有不安全性：①不带安全套的性交；②不带安全套的肛交；③吞咽精液；④口—手—肛门接触；⑤接触月经血液；⑥手与阴道接触；⑦吸毒时共用针头与性行为一同进行。

因此，在性传播疾病流行趋势日益严峻的今天，提高安全性行为意识、保证性行为的安全卫生，在预防性病和艾滋病方面就显得越来越重要。

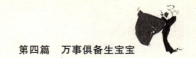

55. 天伦之乐与亲情

　　如果夫妻没有孩子，那么他们之间除了具有法律效力的婚姻关系外，并没有更为牢固的联系。孩子能够使夫妻建立一种血缘链接关系，同时还能延续上一代的血脉。爷爷奶奶可能比爸爸妈妈更喜欢孩子，隔代的亲情关系更加具有魅力，这种天伦之乐是家族追求的目标。就算年轻夫妻不准备要孩子，而老人却穷追不舍。隔代亲情固然有可贵的一面，但也会导致某些烦恼。例如，在教育方面青年人与长辈会有意见分歧。有些老人喜欢帮自己的子女照顾孩子，一些年轻人也乐于依赖老人。如果不在一个城市，长期由老人照顾孩子，亲子关系会疏远，以后孩子回到父母身边也会有陌生感，对孩子的心理健康不利。

　　在人生历程中，结婚和生育都是重大事件，尤其我国实行计划生育政策以来，多数夫妻只有一两次生育子女的机会。随着人们审美意识和性观念的改变，孕妇不断变化的身体形态也是美的素材。从心理方面看，孩子在成长过程中如果能够看到自己在母亲腹中的变化和婴幼儿时期的影像资料，能现实地体会生命的意义和血缘的重要性。所以保留好孕期的照片、录像，甚至是B超等医学影像资料都相当重要。

56. 学习优生优育知识

　　从做夫妻到做父母，就像从恋人到夫妻那样，又要迈进一个新的生活领域。可以说，对绝大多数夫妻来说，养育子女是婚姻

受到严峻考验的阶段。

过去,夫妻把生儿育女视为履行天职,对此抱以冷静和质朴的态度。并且养育子女多有老人帮忙,遵循一套固定的模式,无须摸索创造。但今天的夫妻,尤其是城市的小两口,结婚较晚,又只生一两个宝贝,生育就成了非同小可的事。很多人赋予生育以浪漫主义色彩,加上关于生育的科学信息如此之多,进一步强化了夫妻生育的主观意识。如今多数夫妻既把生育作为一种神圣的事业,又以此作为自我满足的手段,试图集娱乐、创造、人格训练、实现自我价值为一体。他们生育之前精心设计,生育之后万般考究,对孩子期待甚高,难免脱离实际。如今,夫妻因生育子女后出现的矛盾冲突或失望而导致夫妻关系紧张或家庭不和谐的例子,在现实生活中不胜枚举。究其原因,大多数在于年轻父母缺乏养育子女的全面准备和缺乏实用的知识与经验指导。看来,孩子到来之前,有必要学习如下知识:

(1)做到晚育。如果孩子来得太早,就会打乱夫妻的生活规律,冲淡两个人尚未发展成熟的感情。一般说来,从结婚到孩子出世,至少该有两年以上的时间做好精神和物质准备。到了有一定的生活经验时,才能够从婚姻实践中吸取足够的力量去战胜由怀孕分娩到养育幼儿所面临的种种困难。而夫妻的心情不紧张、家庭气氛和谐,对孩子的成长也是十分有益的。

(2)准备必需的经济积蓄。这是由于现在养育子女的代价本来很高,加之物价上涨等因素,没有相当的经济能力是难以应付的。

(3)充分讨论和细心协调双方的职业角色与家庭角色。例如,怎样根据新的情况安排加班、出差等时间;双方,尤其是妻子，不得不为孩子做出适当的职场减负，有的妻子甚至不得不暂时退出职场。

（4）丈夫的责任。妻子怀孕后要经历9个多月的妊娠期。在此期间，丈夫要协助妻子顺利度过妊娠反应期，使她消除焦虑不安甚至畏惧心理。其次是提醒妻子饮食有节，防止营养过度而使胎儿生长过快过大，造成难产。在孩子出世前6周，夫妻要尽可能节制性生活，以确保妻子平安分娩。

（5）为孩子创造舒适宁静的生活环境。国内外的有关研究都证明，在充满矛盾冲突和动荡不安的家庭环境中成长的孩子，容易形成扭曲的人格和不良的行为倾向，甚至留下心理隐患。

（6）不要过早地向孩子施加学习压力。如今，"望子成龙"、"望女成凤"，揠苗助长，强制性地让孩子上所谓"培优班"，要孩子生出某种"特长"，成了父母的通病。父母应根据孩子本身的兴趣爱好、健康条件和家庭经济等情况，适当鼓励幼儿在玩耍中学习，开发其智力。

57. 怀孕，你准备好了吗

怀孕是女性经历的特殊时期，由于明显的心理、生理、体态变化，孕妇在工作和生活方面自然遇到一些不便。很多单位会给予一些工作方面的照顾，孕妇本人也要有精神准备，在怀孕以及分娩后的近一年时间内，大部分精力都要投入到孩子身上，作为父亲的一方也应该在妻子怀孕阶段减少工作，多与妻子进行情感交流，让孕期的妻子感受精神上的安慰和作为母亲的骄傲。

从生理的角度看，生育孩子的时机应当是身体机能的最佳时

机，年龄最好在25岁左右。总体而言，年龄过大对生育没有好处。在疾病的不稳定期或治疗阶段，也不应要孩子，比如患有结核病、慢性肝炎、性病等。所以，在准备生育之前最好做一次全面体检。受孕的最佳时机应该是夫妻双方都处于情绪的愉快状态，也就是说他们最相爱的时候，而且没有特殊的烦恼或生活中的困难。

怀孕也需要适当的经济准备。例如良好的居住条件，一个稳定的合适的住房是非常必要的。应该有两室一厅，适合请人帮忙和接待来客，必要时夫妻可以轮流照顾孩子。还要有充足的营养食物。无论是母亲在怀孕期间还是分娩以后，用于食物的投入都比正常生活时多得多，高收入的家庭在这方面几乎不用做任何准备，但低收入家庭就必须事先计划和准备，例如孕期检查和保健费用、产前和产后的营养费用、住院分娩费用、必要的医疗费用、婴儿用品费用、雇佣保姆费用等。此外，还得考虑孩子成长过程中所需要的各种费用。现在很多父母在购房时将附近是否有比较好的小学考虑在内。有责任心的父母还至少要能够保证给孩子提供18年的养育费用。

总之，夫妇在准备生育子女之前，要有所计划，从心理上、生理上和经济上做好充分准备，才能尽可能做到生育一个健康的孩子并且把他培养成对社会有用的人才。

58. 重视优生与遗传

产前检查是优生优育的重要环节，主要是通过胎儿的体态、染色体检查和基因分析等进行胎儿健康诊断。在有条件的地方应

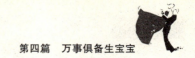

该到医院做必要的筛查,将遗传病的可能性降到最低限度。

对于孕妇的另一个威胁是感染,尤其是怀孕的前三个月最为关键,因为怀孕早期是胎儿在母体内的形成期,这时候感染容易造成畸形,而怀孕中后期导致畸形的概率就非常低。所以关键是要保护孕早期的女性。能够造成胎儿畸形的因素很多,药物是重要的一环,孕早期阶段应该尽量避免使用各种药物,必要时应在医生的指导下用药。

女性一旦怀孕,尤其在怀孕的头三个月,也称为孕早期,应该减少性生活,因为孕早期容易流产。孕中期过性生活虽然不影响胎儿,但多数夫妇会主动减少性生活,因为他们担心对胎儿造成不良影响。孕晚期过性生活的夫妻很少了,因为女性突出的腹部已经造成了性生活的不便。接近分娩的一个月内应该完全禁止性生活,以免引起感染。分娩后,尤其是哺乳期内,女性的性欲很低,她们完全醉心于婴儿的抚养,致使一些丈夫感到自己被冷落。其实女性在哺乳期身体产生催乳素,这种物质一方面促进排乳,另一方面抑制性欲。在人类发展的过程中,这种现象具有保护种族延续的作用,让女性一心一意地抚养婴儿。所以作为丈夫要对孕期以及分娩后的近一年的时间里性生活的变化有充分的思想准备。性学家一般不赞成青年夫妻一结婚就要孩子,因为他们还没有充分享受性爱,结婚后两到三年要孩子,从性生活的角度来说是比较理想的。

59. 关于避孕

如果夫妻结婚后决定暂时不生孩子,那就要采取避孕措施,

防止意外怀孕后去做人工流产。尚未生育就做流产手术,对身体伤害较大。避孕的基本原理,就是阻止活的精细胞与卵细胞接触、结合及"着床"。下面介绍几种主要的避孕方法。

(1) 口服避孕药

我国目前使用的避孕药包括短效、长效、探亲和紧急避孕药四类,以短效口服避孕药的使用最普遍。

1) 短效复方口服避孕药。短效复方口服避孕药为使用最广泛的甾体避孕药,其成分以孕激素为主,配伍少量的雌激素,根据配方情况,又分为单相片和多相片。

A. 种类与使用方法

a. 单相片。每片药中雌孕激素含量是固定的,可采用瓶式包装。我国常用的短效口服避孕药以单相片为主。常用的有复方左炔诺孕酮片、复方炔诺酮片(口服避孕片1号)、复方甲地孕酮、复方地索高诺酮(妈富隆)和复方孕二烯酮(敏定偶)等。单相避孕药于月经周期第1天或第5天开始,每日服1片,连服21天或22天,最好在晚饭后或睡前服,以减轻恶心、头晕的反应。每天服药的时间要相对固定,使药物浓度保持在相对稳定的水平。停药后2~4天即来月经,于停药后月经的第5天开始下周期的用药。如停药后7天仍未来月经,排除妊娠后开始服用下周期的药物。

b. 多相片。为降低避孕药的副反应,多相片中的孕激素剂量更低,并与月经周期中孕激素的变化趋于一致。将每周期服用的药片分为两种剂量的称为双相片,三种剂量的称为三相片。国产的三相避孕片已在使用中。多相片与单相片不同,服药的顺序在包装上注明。国产三相避孕片于月经来潮的第3天开始服用,按标明的顺序每天 1 片，连服 21 天，停药 7 天后开始下一个包装。

B. 副反应。主要为恶心、头晕等类似早孕反应，在服药头 3 个月内约有 1/3 的妇女可发生，但一般较轻，无须特别治疗。服药后月经的变化较常见，表现为不规则出血，经血量减少或无出血，不规则出血多发生在用药的最初数月，由于体内雌激素水平过低，子宫内膜不能正常发育，脱落而致出血。长期用药后子宫内膜的萎缩是经量减少或闭经的原因。预先向使用者介绍可能发生的副反应，可增加她们对副反应的耐受，一般可不予治疗。

2）长效口服避孕药。我国常用的长效口服避孕药为左炔诺孕酮炔雌醚片。首次服药在月经第 5 天服一片，间隔 20 天后，即在月经第 25 天再服 1 片。以后每隔 1 个月（即按周期第 25 天的日期计数）服 1 片。长效口服避孕药实际避孕效果与理论效果更接近，有效率为 98.3%。

副反应与其所含的雌激素及两种成分的含量均有较大关系，如服药后的最初数月的头晕、恶心、呕吐及较多量的水样阴道分泌物，可能会影响妇女对药物的可接受性。月经的改变主要表现为月经血量的减少。

3）探亲避孕药。探亲避孕药是我国开发的一类避孕药，适用于分居两地的夫妇在探亲时由女性服用，所用药物以孕激素为主，可不受月经周期的限制，在月经周期的任何一天开始服药均能发挥避孕作用，达到较满意的避孕效果。

常用的探亲避孕药有左炔诺酮片、甲地孕酮片（上海探亲片 1 号）和炔诺酮避孕片（天津探亲片），于探亲当日中午服 1 片后，每晚服 1 片，如探亲不足 14 天应服完 14 片，如探亲超过

14 天,应继续改服短效口服避孕药,有效率 99.6% 以上。双炔失碳酯(53 号探亲抗孕片),每次房事后立即服 1 片,唯第一次同房后于第二天早晨加服 1 片,一周期内总量不少于 10 片,有效率为 99.5%。

单纯孕激素探亲避孕药的副反应多不严重,一般无须治疗。53 号探亲抗孕片兼有雌孕激素活性,且剂量较大,副反应较明显。服用探亲避孕药后可能会有月经周期延长、经期延长或月经血量的变化,经量可能增加或减少,不同探亲避孕药对月经的改变可有不同,但服药者 69%～90% 的月经周期正常,80% 的经期正常,65%～80% 的经量正常。

探亲避孕药服用方法相对复杂,建议仅限探亲时应用。如预先可安排探亲的时间,按要求服用短效口服避孕药可能更方便和有效。

(2) 紧急避孕药

在未采取避孕措施下的同房或避孕措施失败(避孕套破损与滑脱、体外排精失去控制、安全期误算)后 72 小时内服用药物以避免妊娠,称为紧急避孕药。

1) 药物及用法

A. 单纯孕激素:左炔诺孕酮紧急避孕片,每片 0.75 毫克,每次 1 片,间隔 12 小时,共服 2 次。也可将两片一次顿服,效果和副反应与分次服用没用差别。目前,上市的金毓婷是 1.5 毫克的片剂,一次服用一片即可。

B. 抗孕激素:根据初步观察,米非司酮单次口服 25 毫克或 10 毫克用于紧急避孕,均可取得满意效果,由于抗孕激素系流产药物,为安全起见,用于紧急避孕时也应作为医生的处方药,

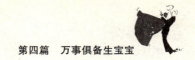

在管理下使用。

避孕效果：各种紧急避孕药物的失败率约为2%。

2）紧急避孕药的优点

A. 是在夫妻意识到有可能发生不希望的妊娠后，短时间内唯一可采取的补救措施。

B. 紧急避孕药物的使用方法简便、有效。

3）紧急避孕法的缺点

A. 服用紧急避孕药后，如有再次的未保护同房，仍可导致妊娠，称使用失败。

B. 紧急避孕仅能作为补救措施，不宜反复使用，短期内多次使用毓婷可致月经周期紊乱。

4）副反应

服用紧急避孕药后少数妇女可能发生恶心、呕吐或头晕、乳房胀痛等，但程度轻微，下次月经可能提前或后延。

5）注意事项

A. 紧急避孕药对发生在用药后的同房无防护作用，故用药后到下次月经前应避免同房或使用避孕套。

B. 如服用紧急避孕药后2小时内发生呕吐，应立即补服同样剂量的药物并使用止吐药。

C. 预期的下次月经一周后如月经仍未来潮，应去医院检查，除外妊娠。

D. 紧急避孕不能作为常规避孕方法，故应尽早落实避孕措施。

E. 如果紧急避孕失败发生妊娠，应与医生讨论如何处理妊娠。

6）紧急避孕服务的提供

紧急避孕药可以到药店购买，各级计划生育服务部门或部分医疗单位，也可提供紧急避孕药，计划生育技术服务/医务人员可根据具体情况给予咨询和指导。建议育龄妇女或夫妻双方尽量到上述单位就诊。应加强对群众的宣传，使她们了解当地紧急避孕的咨询电话，以在需要时及时联络。

（3）安全套

由于安全套能够避孕又能够防治性病和艾滋病的传播，在艾滋病泛滥的年代，安全套几乎是任何国家都在努力提倡的避孕节育和防止性传播疾病的有效方法。下面我们对安全的分类、使用方法和优点做简要介绍。

1）安全套分类

A. 按照色泽分类：分为普通安全套（乳胶本色），黑色、褐色等彩色安全套以及荧光安全套等。

B. 按照大小分类：分为大、中、小号安全套，比如 49 mm、52 mm、55 mm 等不同类型。

C. 按照形状分类：分为光面型、颗粒型、罗纹型、颗粒罗纹型、磨砂型、浮点型、超薄型和普通型等。

D. 按照性别分类：分为男用型和女用型安全套。

E. 按照功用分类：分为口交套、肛交套、性交套、指交套等。

F. 按照材质分类：分为天然乳胶套、聚氨酯安全套等。

G. 按照作用分类：分为延时型、助勃型、避孕型和润滑型安全套等。

H. 按照产地分类：分为进口安全套和国产安全套。

2）安全套使用方法口诀

在国际范围内，安全套已经成为最为普遍的避孕和防艾滋病方式，使用方法详见安全套使用说明书。为了方便起见，我们编写安全套使用口诀，步骤清晰而实用。

一看有效期，二拆要仔细；三认正与反，四排小囊气；五戴先勃起，六推到根底；七软前退出，八打包丢弃。

3）安全套的优点

①男性为使用主题；②使用方法很简单；③避孕效果很可靠；④几乎无不良反应；⑤防治性病、艾滋病；⑥预防宫颈癌发生；⑦能够延缓早泄；⑧润滑阴道的干涩；⑨治疗免疫性不孕；⑩价廉物美和适用。

60. 新生命的孕育——生男生女谁决定

一个新的生命通常始于有生育能力的夫妻发生性交行为之际。性交的另一个术语就是"交合"。在夫妻性交时，丈夫勃起的阴茎插入妻子的阴道，经过一段时间的摩擦抽送，男人就会射精，将若干精子射入女人的阴道。每次射入的精液大约有一小茶匙，其中含有2亿至4亿个精子，这不过是一个男人可制造的全部精子的微不足道的一部分。在性交过程中，夫妻双方在正常情况下都有快感体验。

有些人认为，精子具有目标感，它们进入阴道后朝着既定目标即未受精的卵子游去，这种看法是没有根据的。精子进入阴道后的游动并无目标和秩序，它们随意地在阴道和子宫颈的管道内游动。由于子宫肌肉的收缩，部分精子随着周围液体的流向游入子宫，有的到达输卵管。在那里如果恰好遇到从卵巢释放出来的成熟卵子，某一个"幸运"的精子就能够与卵子结合为受精卵，被输卵管的收缩力量推入子宫。大量精子不过是路过输卵管而进入子宫，一般在3～5天内死去。受精卵在子宫内完成细胞分裂和发育过程，最终形成一个完整的胎儿，发育280天左右降生于世。

每个人的性别是在受孕时决定的。当妻子的雌性生殖细胞（卵子）与丈夫的雄性生殖细胞（精子）结合而形成受精卵的瞬间，一个人就开始了独特的生命历程。

人体的每个生殖细胞都含有23对染色体。男性和女性的生殖细胞中，染色体的对数相同，但其中有一对染色体的性质不同——女性为XX，男性为XY，这一对染色体被称为"性染色体"。卵子的性染色体全是X，精子的性染色体中则可能有一个Y染色体。当卵子与含Y染色体的精子结合时，形成含XY染色体的受精卵，即"雄性合子"；当卵子与含X染色体的精子结合时，形成含XX染色体的受精卵，即"雌性合子"。这两种合子以后分别发育为男性和女性胎儿。

研究结果表明：第一，受精卵成为雄性合子或雌性合子的机遇是相等的，因为精子有一半含X染色体，另一半含Y染色体。第二，哪一个精子与卵子结合，是随机的，夫妻双方都无法控制。第三，受精卵的性别，取决于结合时的精子染色体而不是卵子染色体。所以，那种认为生男生女取决于女方，是愚昧无知的谬论。

染色体包含着极为详细而复杂的指令，即遗传信息。生命的遗传特征即源于此。由染色体决定的成千上万种遗传印记随胚胎的发育而显示出来，包括肤色、眼珠、头发、脸型和身体的其他部分，最终还包括身高和身材，以及潜在的智力。所有这些与生俱来的特征，使每个人与其他人相区别。人人都带着其父母双方的遗传印记，这种印记一代一代地传下去，永无休止。

61. 妊娠期及其保健

一旦卵子与精子结合，女性就开始了妊娠期。女性怀孕后，她的子宫内膜就成为胎儿生长所必需的物质条件，因而不再萎缩脱落，月经也就停止了，一直到妊娠结束。妻子不来月经了，这可能是她已怀孕的征候；但不来月经并不绝对是怀孕的证据，有的妇女可能由于某种特殊情况而迟来一次月经或暂时闭经。但无论如何，一个有性交行为的女性，在正常的月经来潮时间过了10天半月仍不见经血，就应当去医院检查，以便确认是否怀孕。有时，一次检查的结果还不足以为据，应做两次甚至多次检查。

妻子若怀孕，其早期征候是她自己就可以察觉到的。一是乳房肿胀和触摸时有疼痛感。早上起床时觉得不舒服，有恶心、呕吐现象，或者厌恶某种食物。这类妊娠反应一般会持续1～2个月，多半在上午较明显。妻子在整个妊娠期，都会比平时更易感到疲劳和瞌睡。

（1）关于妊娠期的性生活

女性在怀孕期间，其卵巢暂停排放成熟的卵子，所以此段时间的性交不可能再度受孕。在正常情况下，妻子妊娠期夫妻仍可照样享受性生活，其亲昵感和快乐感并不亚于平时。有人甚至认为，在妻子妊娠期，夫妻保持正常的性生活更为重要，这可以转移妻子的注意力，减轻妻子对妊娠的不适或担忧感。但是，在妊娠的最后六周，夫妻性生活应有所节制，一来因为妻子身体的特殊负担，二来此时最易造成细菌感染。如果妻子在怀孕期间出现性交疼痛或出血现象，应立即去医院检查。

（2）妊娠期保健

当妻子得知自己怀孕了，或者认为可能已经怀孕，她应当定期地去医院做检查，以便知道妊娠情况是否正常，并征求医生对饮食营养等问题的建议。目前大多数城市都开展免费婚检和孕前优生检查。一般说来，能够使孕妇保持健康的措施，也会有助于保持胎儿的健康。这就是为什么孕妇经常检查身体和让医生如实了解自己的饮食起居显得十分必要。如果能够得到医生的指导，即使孕妇本身健康状况欠佳，也可望生出健康的孩子。

（3）关于妊娠期吸烟、饮酒或使用药品的影响

孕妇吸收任何物质到自己的体内，都会对腹中孕育着的小生命产生影响。例如，她吃的食物给她和胎儿都带来营养，孕妇吸食的有害物质也会给胎儿带来毒害。

科学家们已经观察到，当母亲吸烟时，胎儿活动加剧，心跳加速。吸烟的母亲生下的婴儿平均比不吸烟母亲生下的婴儿个子小，前者的婴儿存活率略低于后者。大麻对胎儿有暂时性的影响，但其危害尚未弄清；而母亲吸入大量的海洛因、可卡因之类的毒品，对胎儿是极其有害的。如果母亲吸毒成瘾，孩子生下来也可能嗜毒，并且会罹患精神萎靡症，好似成年人突然戒毒的那种症状，如呵欠连天、淌眼泪、唾液流淌不止等。其他药品，包括那些无需处方就能从药店购得的药品，也会对胎儿带来不可忽视的影响。任何一个孕妇，在未征得医生许可的情况下，是不应

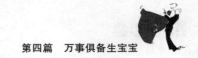

当擅自服用任何药物的。

至于饮酒,对胎儿的影响也是很明显的。当母亲摄入哪怕是微量的酒精,进入血液之后,子宫内的胎儿活动就会慢慢减少;如果母亲大量饮酒,胎儿受影响的机会就更多。酗酒的母亲生下的孩子中患有"胎儿酒精中毒综合征"、身体畸形和智力低下等疾病,是较常见的。

62. 新生儿的出世——分娩

今天,关于做母亲、父亲的观念已有了很大发展。无论父母还是医生、护士以及助产士,都认为分娩可以并且应当成为更自然的过程,而尽量不要被当作医学问题来解决。以往人们认为生孩子是女人的事,男人靠边站。现在人们认为夫妻共同参与分娩前后的事务有助于减少母亲的焦虑、恐惧,还能增进夫妻感情。在医院分娩目前是国家卫生计生委的规定,是根据妇婴保健法实施的。主要是保证分娩过程的母婴安全。有条件者在医院有单独的产科病房,类似家庭一样舒适,但分娩过程丈夫不适合观看,毕竟是医疗过程,出血、疼痛,甚至会影响丈夫今后对性生活的乐趣。初生儿应当与母亲同在一个房间,而不应当在大多数时间里由护士照料,一天只送到母亲那里吃几次奶。根据"自然"分娩方式,父母的准备应包括:双方都要学习怎样正确地接生;知道母亲在分娩时身体应当怎样动作,怎样放松,怎样用力,怎样与接生者合作,怎样把分娩过程当作一次享受的经历,一次顽强奋斗的经历,一次创造的经历。要知道,从孩子降生开始,母亲和父亲就要进行创造性的、艰苦的劳动。分娩作为一种心理体验和对未来的准备,是可给父母很多启迪和教益的。母亲临产的第一个征候通常是子宫肌肉强烈的收缩,伴之以下腹隐痛,随着子宫收缩的加剧、加快,下腹呈现规律性的阵痛,其间隔从15分钟到半小时不等。当阵痛时间变为每5～10分钟一次的剧烈发作时,母亲就应当被送到产房去待产。

母亲生孩子无疑是一项艰苦的任务。分娩过程可能有一段时间的剧烈腹痛。如果母亲事先知道一些分娩的常识,在围产期检查中了解到孩子的胎位等情况,并有医师或助产士的指导、帮助,尤其有丈夫在场陪伴和安慰等,心理上消除紧张感,增加自助与配合的愿望和能力,痛苦就会减轻很多。

母亲的疼痛感是由于子宫肌肉必然的剧烈收缩才能将婴儿推出,宫缩自然要引起疼痛。母亲要懂得,事先消除焦虑感和恐惧感,才有助于使阴道的肌肉放松,尤其是子宫颈放松,以便胎儿出世时经过的通道能够扩张、伸缩,畅通无阻。母亲事先对分娩过程的了解,懂得怎样松弛神经,大大有助于分娩的顺利与快速,即增加顺产的机会。

63. 母乳——婴儿的最佳食品

新生儿最自如的事便是吮吸。他们有非常强有力的吮吸肌肉,并靠两腮的收缩帮忙。婴儿对嘴边触碰到的任何东西都会作出吮吸的反应。母亲身上有着婴儿最好的吮吸物,即两个乳房的乳头。乳房内不断酿造着乳汁,婴儿一吮吸就能吸进嘴里。

婴儿出世后一两天里,母亲的乳汁外流,称作"初乳",量很少,且稀薄,略发黄。虽然初乳含的养分不多,但对婴儿的健康很重要，因为其中有重要的物质，婴儿在其自身的免疫系统尚未发育之前，能够靠母乳中的物质获得身体的免疫能力。婴儿的吮吸刺激乳腺分泌乳汁。

母亲乳房的乳汁是婴儿最好的食品，因为它清洁、安全、方便、易消化，并且又总是保温的，吸之即来，出量多少也正合适，含有婴儿生长所必需的油脂、矿物质、维生素及碳水化合物。

人们生活中最重要的需求之一是身体的接触，尤其是在婴儿期，需要被爱他（她）的人们搂抱在怀里。这使孩子感到温暖、安全，是他（她）获得日后依恋感情的坚实基础。许多母亲也从喂奶的体验中获得极大的快乐，因为这使母亲感到与孩子之间的亲密关系。

也有些母亲不愿给孩子喂奶，或者不能喂奶。尽管这会给母亲和孩子带来一些不方便，但也不必为此过于苦恼。用奶瓶和橡皮奶头给孩子喂牛羊奶，孩子也同样可以长得健壮。但是用奶瓶喂养孩子的父母，必须特别地意识到孩子需要父母的搂抱和亲近。当婴儿衔着橡皮乳头时，父母用胳膊抱着孩子，并用裸露的部分身体与孩子的身体接触和轻轻摩擦，这对孩子的触觉发展极为重要。

64. 什么是产后抑郁和产后抑郁症

据统计，我国有50%～70%的初产妇在产后变得情绪低落、容易焦虑、注意力难以集中、健忘、悲伤、失眠、对婴儿过于担心。也就是说，产后抑郁情绪是很多产妇所发生的一般性现象。

产后抑郁与产后抑郁症是不同的。产后抑郁达到相当严重程度才可能被诊断为抑郁症。抑郁症有时也包括抑郁与焦虑共存的现象,称为"抑郁和焦虑混合障碍"。只有临床医生,尤其是精神科医生才有资格做出产后抑郁症的最终诊断。

由于产后抑郁症出现在怀孕之中或分娩之后,此时女性体内各种激素变化很大,母亲和胎儿体重不断增加,心血管系统也产生较大压力,所以产后抑郁症具有一定的生理和心理以及环境因素,也表现出一定程度的非典型性。即使是以往有过抑郁症的病状,此时的复发状况也带有与分娩有关的临床表现。

近年来,我国开始对产后抑郁症进行研究。结果表明,有10%～20%的产妇在产后出现抑郁症;文化程度低、家庭居住环境不良、夫妻不和的产妇发病率明显高于抑郁症的平均发病率。此外,生女孩的产妇患病比例明显高于生男孩的产妇。如果诊断严格,一般认为产后抑郁症的发病率在10%左右。

65. 产后抑郁症有何征兆

产后抑郁症多发生在产后2周内,产后4～6周内症状逐渐明显。有些医务人员将心情压抑与沮丧、感情淡漠、不愿与人交流、夫妻矛盾、缺乏生活信心、食欲明显下降、对事物反应迟钝、注意力不易集中、思维障碍、被迫害妄想,甚至还把头晕、头痛、心率加快、呼吸增加、便秘等都归入产后抑郁症的表现。其实这是不正确的,不能将在产后出现的所有精神症状或不健康心理表现都笼统地称为产后抑郁症。

严格的精神病学诊断抑郁症的症状学标准以情绪低落为主,

至少有下列四项，也就是在九项之中具有四项：

（1）兴趣丧失、无愉快感。

（2）精力减退或疲劳感。

（3）精神运动性迟滞或激越。

（4）自我评价过低、自责或者有内疚感。

（5）联想困难或自觉思考能力下降。

（6）反复出现死亡念头或有自杀、自残的行为。

（7）睡眠障碍，如失眠、早醒或睡眠过多。

（8）食欲降低或体重明显减轻。

（9）性欲减退。

除了症状要符合抑郁症的诊断之外，还要符合严重程度标准即患者的社会功能受损，或者给患者本人造成痛苦或不良后果。

最后还要符合病程标准：

（1）符合症状学标准和严重程度标准至少已持续两周。

（2）可存在某些分裂症的症状，但不符合分裂症的诊断标准。

诊断产后抑郁症不是一件小事，必须经过有经验的妇产科医生初诊，然后经过精神科医生做出最后的诊断。

66. 产后抑郁症如何治疗

大多数产后抑郁征兆并不是真正意义上的抑郁症，而是有某些抑郁情绪，所以适当的休息、接受劝慰和心理辅导，大多数患者的抑郁情绪都能够在短期内得到缓解。为了预防抑郁症或缓解抑郁情绪，主要从以下几个方面努力：

(1) 亲属提高认识。产后抑郁症在孕产妇之中较为普遍。首先，正确认识产后抑郁症对预防产后抑郁症具有很好的作用。有些孕妇学校还会讲解如何预防产后抑郁症，阅读有关书籍也是比较简单和实用的方法。孕妇的亲属，主要是丈夫和父母、公婆等应该减少重男轻女思想给产妇的压力。时代不同了，生男生女都一样，只要培养好，都能成为对社会有用的人才。如果有压力，诱发了产后抑郁症，不但对产妇不利，而且对孩子更加是有害，可能使一个完美的家庭从此蒙上阴影。

(2) 合理释放压力。孕期和产期以及分娩后的压力要合理地释放，不要过度关心或担忧孕期或分娩的问题，应抱有一切顺其自然的态度。开心快乐是最好的胎教，也是最好的营养品。虽然有一些产妇会有某些抑郁情绪，但多数不是抑郁症，这是分娩后正常范围内的生理与心理变化。不要过度担心或强化，更不要轻信一些所谓过来人将似是而非的一些症状牵强附会地当成产后抑郁症，故弄玄虚，让人产生恐惧感。

(3) 人际关系辅导。分娩之后的夫妻关系、家庭亲人之间的关系，是促进产妇情绪稳定的重要因素。所以如果发现产妇情绪低落或不开心，家人要及时与她交流或帮助解决生活中的困难。丈夫的鼓励和关心，给予情感上的支持极为重要。任何人不能代替丈夫在分娩后对妻子的关心与呵护。丈夫的呵护是爱的表达，是对妻子生育儿女辛苦历程的肯定及抚慰，也是对夫妻爱情结晶的欣赏，丈夫的情感付出对妻子产后的恢复也具有举足轻重的作用。千万不要认为生孩子就是女人的事，养孩子男人帮不上忙，完全由婆婆或岳母照料，这是不懂夫妻感情的无知表现。

(4) 哺乳育儿指导。养育婴儿是一件非常辛苦的劳作，家人应当做好明确的分工,学习哺乳和育儿知识能够减轻产妇对喂养婴儿的忧虑情绪。请有养育儿女经验的前辈或亲属指导是可行的方法,聘请有经验的月嫂或保姆也是明智之举。最好当然是孕妇的母亲或婆婆帮忙,由于有血缘关系,她们会尽心尽力,让孕妇较有安全感和放松心情。怀孕期间孕妇可以看一点科学育儿的书籍,用科学的知识武装自己,这样就不会为如何养育婴儿担惊受怕,心情自然放松,有助于避免产后抑郁症。

(5)心理治疗。轻度的抑郁症是可以接受心理辅导的。当然心理治疗师要熟悉产后抑郁症的知识,了解产妇过往的健康状况、家人关系、夫妻感情、产妇心理等,然后选用适合的心理辅导方法,定期进行帮助。必要时还可请精神科医生会诊。如果问题严重,可以采用抗抑郁剂治疗或住院治疗等。

67. 母性与母爱

从人类现代文明趋势看,女人似乎有着更优越的生物性和与其生物性相匹配的崇高社会性:爱的施与、情的奉献、生命的耐受力、敏锐的直觉、创作灵感与形象思维、人际沟通和语言表达、合作与谈判的委婉及耐心、人性化管理所需的母性般温柔、防止腐败与暴力所需的节俭与克制、捍卫和平必备的对生命之痛惜,乃至带领家人和团队度过灾情险境所需的忍耐和坚韧。这一切惠及孩子、惠及男人、惠及家庭、惠及社会、惠及世界的"女性特质",正是女人的优势。难怪有人说,21世纪是女人的世纪。

如今,越来越多的女性进入经济、政治、文化等领域,跻入时代先锋的行列;"女能人"中的绝大多数,又是扮演着妻子和母亲角色的成熟而智慧的魅力女性。因此,女性优势越来越得到社会的肯定和赞誉。

　　从哺育与呵护生命的意义上说,"女性特质"更加凸显其高贵性。在此仅以母亲角色为例。我国著名母教专家王东华教授在其《发现母亲》一书中这样说:"从生物学的角度看,女人的名字是母亲;从优生学的角度看,女人的名字还是母亲;从人才学的角度看,女人的名字更是母亲。"他指出,孩子出生前那段"母子连体"的经历,看到母体的健康对孩子事关重大,幼龄孩子的疾病与早逝多半可以透视出母亲健康的危机。实际上,某些孩子的不幸早在娘胎里就注定了:那些尚未生育就毫无顾忌地接连堕胎的女性,其伤痕累累的子宫怎能孕育出健康的胎儿?少数女性随便涉入不洁的性关系,无意把一个健康、纯洁、不染纤尘的母体留给孩子;当母体已被欲望的魔鬼蹂躏殆尽时,可怜的孩子从何得到清洁母液的滋润?现代优生学还证实了"母子通感"的原理,指出母亲对胎儿的情感传递何等重要。一个沉溺于自我享乐的母亲,可能生养一个性情孤僻的孩子。婴儿诞生后,母亲的"肤爱"更是孩子成长的"第二子宫",此时的精神喂养胜过母乳喂养,因此,若无特殊原因,母亲在哺乳期是不应将孩子交付他人代养的。母亲与孩子的关系,好似一个灵魂支配着两个身心。据此,王东华教授呼吁:就像男人要服三年兵役那样,女人理应服三年的"母役",才对得起孩子,对得起社会,也对得起母亲这一神圣天职。

第五篇

出生缺陷及其预防

68. 什么是出生缺陷

出生缺陷，又称发育缺陷，也称先天性异常，是指出生时就存在的人类胚胎在外形或体内有可识别的结构或功能上的异常，而不是分娩损伤所致。胎儿在母亲的子宫内出现发育异常，出生后表现为肉眼可见或通过辅助诊断技术检查出的器质性和功能、代谢、行为、精神等方面的异常，既包括染色体综合征和基因病，也包括环境因素致畸形或致突变造成的缺陷。有些异常是很轻微的，对身体影响不大；而有些则很严重，可能导致死亡或造成终身残疾。

69. 怎样预防和干预出生缺陷

出生缺陷干预的方法主要有四种：

（1）婚前医学检查和遗传咨询。通过婚前医学检查，可以发现严重遗传病、指定传染病、精神病以及影响结婚和生育的心、肝、肺、肾等重要脏器疾病和生殖系统发育异常及性病等。通过遗传咨询和家系调查确定患者是否有遗传病、遗传病的种类和发现严重遗传病的携带者，估计再发风险率。

（2）病因预防，例如妇女怀孕前后补充叶酸或含有叶酸的复合维生素预防神经管畸形；妇女怀孕前接种风疹疫苗预防风疹感染，避免因风疹病毒感染而引起的先天性心脏病。预防感染、谨慎用药、戒烟戒酒、避免接触放射线和致畸化学物质，及时治疗某些疾病：如糖尿病、高血压等可以避免某些出生缺陷的发生。

（3）人群筛查，通过产前筛查发现先天愚型、地中海贫血、神经管畸形等出生缺陷后作选择性流产；通过新生儿筛查早期发现 G6PD、先天性甲状腺功能低下、苯丙酮尿症等疾病，及时治疗阻断病情发展。

（4）对缺陷儿进行必要的治疗，以减轻致残的严重程度，如先天性唇腭裂和先天性心脏病的适时手术修补。

70. 哪类人需要遗传咨询

遗传咨询是预防出生缺陷的具体措施之一，是避免生出具有遗传疾病婴儿的咨询。遗传咨询的具体内容有：

（1）了解有关的遗传病的实质。如有进一步诊断结果，应该及时知晓，并了解该遗传病的愈后情况、可选择的治疗办法。

（2）了解遗传病的遗传方式及复发风险。

（3）了解防止遗传病发生或再发的各种办法。包括避孕、产前诊断以及人工授精、收养等。

（4）在咨询过程中要知晓可能导致出生缺陷的环境因素，包括各种理化因素、夫妇生育年龄、身体健康状况、精神行为状况、社会经济状况和宗教信仰等。

目前，认为需要接受遗传咨询的包括下列人群：

（1）35岁以上的高龄孕妇。

（2）已确诊或怀疑有遗传病家族史的孕妇及其配偶。

（3）有死胎、畸形分娩史者。

（4）智力低下者，其中以先天愚型、脆性 X 综合征、

TORCH 综合征为重点对象。

（5）接触或使用过致畸源者，包括那些被公认为具有或怀疑有致畸作用的化学物质、药物或微生物等。

（6）有多次自发流产史的夫妻。

（7）近亲结婚者。

（8）做身份鉴定或亲子鉴定者。

（9）易感人群的症状前检查者。

71. 有遗传疾病风险的当事者有哪些可能的选择

（1）解除婚约或离婚。

（2）结婚但不生育。

（3）可领养孩子。

（4）接受人工受精。

（5）接受捐卵者卵子体外授精，子宫内植入。

（6）做植入前诊断。

（7）做产前诊断。

72. 什么是地中海贫血，如何预防

地中海贫血是一种遗传性溶血性贫血。最早在地中海区域的民族及其移民的后裔中发现此病，后来发现除地中海地区之外，其他临接海洋的地区也是本病的高发区。地中海贫血属于常染色体遗传性缺陷，由于珠蛋白肽链合成障碍，使一种或几种珠蛋白肽链数量不足或完全缺乏，从而造成这种珠蛋白链参与的血红蛋

白的合成量减少。我国南方是地中海贫血的高发区，两广地区发病率在 10% 左右。

一般重型地中海贫血均为纯合子或双重杂合子，患儿在婴儿期发病，进行性贫血，肝、脾进行性肿大，多数患者于幼年即死亡。轻型均为杂合子，多数无症状。

如果夫妇一方是某种地贫缺陷基因的携带者（杂合子），另一方正常，子女 50% 将是地贫缺陷基因的携带者，50% 正常。如果夫妇双方均是某种相同种类地贫缺陷基因的携带者，子女 25% 将是该种地贫的纯合子，50% 为杂合子，25% 正常。如果夫妇双方是不同种类地贫缺陷基因的携带者，子女 25% 可能为双重杂合子，50% 为两种地贫缺陷基因杂合子中的一种，25% 正常。

73. 地中海贫血有哪些预防和干预措施

（1）地中海贫血高发区的育龄夫妇在准备生育前都应该进行遗传咨询，了解自己家属成员中地中海贫血发病情况，评估子女患病风险。

（2）育龄夫妇生育前进行一次地中海贫血筛查，初步确定育龄夫妇双方或单方是否是地中海贫血缺陷基因可疑携带者。

（3）对可疑携带者再进行地中海贫血基因检测，最终排除其地中海贫血缺陷基因携带者的可能性或确定其杂合子的基因型。

（4）如果双方均为地中海贫血的缺陷基因携带者，胎儿必须进行产前诊断，如果诊断结果胎儿基因型为纯合子或双重杂合子，必须选择治疗性人工流产。

74. 什么是 G6PD 缺乏症，如何预防

G6PD（葡萄糖-6-磷酸脱氢酶缺乏症）是最常见的一种遗传性酶缺乏病，估计全世界有 2 亿人罹患此病。我国是本病的高发区之一，主要分布在长江以南各省，发病率为 3.3%，广东汉族为 8.6%，北方少见。G6PD 缺乏症发病原因是位于 X 染色体上的 G6PD 基因突变，导致该酶活性降低，红细胞不能抵抗氧化损伤而遭受破坏，引起溶血性贫血。G6PD 缺乏症的临床表现与一般溶血性贫血大致相同。多数患者，平时不发病，无自觉症状，部分患者可表现为慢性溶血性贫血症状。常因食用蚕豆，服用或接触某些药物，感染等诱发血红蛋白尿、黄疸、贫血等急性溶血反应。G6PD 缺乏诱发的严重急性溶血性贫血因红细胞破坏过多，如不及时处理，可引起肝、肾或心功能衰竭。G6PD 缺乏症属 X 连锁不完全显性遗传，酶缺乏的表现度不一，一些女性杂合子酶活性可能正常。男性患者多于女性。

G6PD 缺乏症的遗传方式大致如下：

（1）如果母亲为纯合子患者，父亲正常，儿子一定携带该致病基因，女儿有 50% 的机会携带该基因。

（2）如果父亲为患者，母亲正常，儿子一定正常，女儿一定携带该基因。

（3）如果母亲为杂合子，父亲正常，儿子有 50% 的机会患病，50% 的机会正常；女儿有 50% 的机会携带该基因。因此，对于肯定携带者，主张预防性用药，对于 50% 的机会携带者，

可以考虑预防性用药，但最好是通过产前诊断明确。

G6PD 缺乏症在无诱因不发病时，与正常人一样，无需特殊处理。如果严格遵照以下健康处方，可预防发病。

（1）禁食蚕豆或蚕豆生加工品。

（2）禁止使用含萘的臭丸放入衣柜驱虫。

（3）禁用下列药物：乙酰苯胺、美蓝、硝咪唑、呋喃旦叮、呋喃唑酮、呋喃西林、苯肼、伯氨喹啉、戊胺喹、磺胺、乙酰磺胺、磺胺吡啶、噻唑酮、甲苯胺蓝、SMZ、TNT 等。

（4）慎用下列药物：扑热息痛、非拉西丁、阿斯匹林、氨基比林、安替比林、安坦、维生素 C、维生素 K、氯霉素、链霉素、异烟肼、磺胺嘧啶、磺胺胍、磺胺异恶唑、氯喹、秋水仙碱、苯海拉明、左旋多巴、苯妥英钠、普鲁卡因酰胺、乙胺嘧啶、奎尼丁、奎宁、SM、TMP。

（5）预防病毒性肝炎、流感、肺炎、伤寒、腮腺炎等发生。

（6）求诊时向医生申明本人是 G6PD 缺乏症患者，请医生针对病情合理用药。

感染后或接触/服用以上食物或药物数小时或数天内，出现急性溶血反应，应立即到医院就诊。

此外，妊娠晚期孕妇或新生儿服用小剂量苯巴比妥，可有效减低新生儿核黄疸的发生。

75. 什么是先天性心脏病

先天性心脏病是一种先天性心脏畸形，发生率在活产婴儿中大约占 0.8%，我国每年新增先心病患儿 15 万～20 万例。心脏是胚胎形成的第一个器官,其他器官的发育都有赖于它的功能。先天性心脏病,主要是由于胎儿时期心血管发育障碍所引起,但发育障碍的根本原因,至今尚未完全弄清,一系列研究认为与下列因素有关:

(1) 胎儿的宫内环境和母体因素

约有10%的先天性心脏病由宫腔内感染所致;许多药物易通过胎盘而传给胎儿发生畸形,如某些镇静药、抗抽搐药;母亲若患糖尿病、高血钙症、先兆流产,胎儿心脏畸形发生率高。

(2) 心脏调节基因的遗传突变引起心脏发育缺陷

先天性心脏病是人类出生缺陷最常见的形式。解剖上又分为简单缺陷和复杂缺陷两大类,总共有100多种。简单缺陷只有一种心脏间隔、大动脉或瓣膜解剖结构上的异常,如房、室间隔缺损,动脉导管未闭等。复杂心脏缺陷往往由多种简单缺陷形成不同形式的组合构成,如果缺陷心脏存在血液右向左的分流,就会出现青紫症状。估计半数以上的先天性心脏缺陷仅为简单缺陷,这一类先心病患儿早期手术治疗效果好,术后生长发育与生活质量不受影响。但复杂心脏缺陷就不同,有些复杂畸形目前还无法手术治疗,即使能手术治疗者疗效也不及简单心脏缺陷者。

患上先天性心脏病的小儿经常易感冒,反复出现支气管炎、肺炎。喂奶困难或拒食、呛咳,常出现吃吃停停、呼吸急促、面色苍白、憋气等。有的皮肤持续地出现紫绀,在鼻尖、口唇、手指、脚趾、甲床最明显。能走路的孩子,在行走或玩耍时常会主动蹲下片刻。较年长的小儿手指及脚趾末节粗大、颜色变暗。儿童诉说易疲乏,体力较差,平素多汗、口周发青、咯血。发育不正常,表现为瘦弱、营养不良、发育迟缓等。

76. 先天性心脏病可以预防吗

小儿心脏缺陷给家庭带来巨大的不幸和沉重的负担。虽然大多数先心病可以进行手术治疗，但手术毕竟只是补救措施，因此，先心病的防治重点在于出生干预，预防措施有：

（1）孕妇怀孕期要尽量避免接触环境致畸因素，如预防病毒感染、不接触致畸药物和放射物质、避免主动和被动吸烟、糖尿病妇女要待病情得到控制后再怀孕。

（2）所有孕妇在怀孕 11～14 周时先接受 B 超检查，测量胎儿颈背透明带厚度，如果胎儿颈背透明带厚度增加，提示心脏畸形风险加大，然后在怀孕中期再进行胎儿超声心动图检查，明确诊断心脏缺陷的类型，以便及时做出胎儿去留的决定。

77. 什么是神经管畸形，如何预防

神经管畸形是一种严重的先天畸形，主要表现为无脑儿、脑膨出、脑脊髓膜膨出、隐性脊柱裂等。中国是世界上已知的神经管畸形高发区，发生率为 0.2%～0.4%，每年发生 8 万至 10 万例。高危人群主要分布在中国北方，我国神经管畸形发生率是世界各国平均发生率的 10 倍。神经管畸形中无脑畸形不能存活，脑膨出、脊柱开裂则会导致儿童瘫痪和其他合并症。

神经管畸形发生的一个重要因素是孕妇妊娠期间体内缺乏叶酸，叶酸是一种人体必需的维生素，参与核酸、氨基酸、蛋白质和磷脂代谢，并与细胞分化、倍增功能密切相关，胎儿神经管的

正常发育需要叶酸参与。经过调查研究发现，孕妇在孕前 1 个月至孕后 4 个月内，每日口服 1 次 0.4 毫克叶酸，就可使胎儿神经管畸形发生率降低 70%，但不可多服，以防有副作用。叶酸也广泛存在于绿叶蔬菜、水果、动物肝肾、牛肉、酵母、蘑菇类、菜花、西红柿、柑橘、西瓜、菠菜、胡萝卜及鸡肉中。孕妇多吃新鲜蔬菜和瘦肉类食品可获得叶酸补充。为避免胎儿神经管畸形，孕妇在孕早期还应加强保健，避免过度劳累，避开有毒作业和污染环境，不接触猫狗，不吸烟饮酒，预防感冒发烧，慎用药物。

B 型超声波检查对胎儿神经管畸形有最终的诊断价值，一经 B 超确诊胎儿为神经管畸形，应立即终止妊娠。腹部 B 超检查胎儿神经管畸形的适宜时间在胎龄 15～28 周时，此时羊水比较充分，有利于胎儿外型及内脏结构显示，而此时也恰是临床进行中期引产的适宜时机。

78. 什么是先天愚型，如何预防

先天愚型又称作唐氏综合征或 21 三体综合征。新生儿中先天愚型的发病率为 1.5‰ 左右，按我国目前的出生率计算，平均 20 分钟就有一例先天愚型患儿出生，全国每年出生的先天愚型患儿达 27000 例左右。据估计，我国目前有 60 万以上的先天愚型患儿。

先天愚型患儿有特殊的容貌和体征：脸圆、鼻扁平、睑裂细且向外上倾斜、眼距过宽、内眦赘皮明显、嘴小唇厚、舌大常外伸。由于软骨发育差，患者四肢较短。手宽而肥，有通贯掌，指短，第 5 指常内弯、短小或缺少指中节。1/2 以上的患者有先天

性心脏病，偶尔可见消化道畸形如十二指肠狭窄、巨结肠、直肠脱垂及肛门闭锁等。患儿智能发育缓慢，1周岁后方能坐起，3岁左右才开始走路，性格偏柔而慢，很少有攻击性，不太识数，但有时也有一定的记忆力，善于模仿别人。智力发育不全是本综合征最突出、最严重的表现。智商通常在25～50之间。随着年龄增长，智商还会不断下降。这并非说明患儿越来越笨，而是与同龄人比较的智力差距愈来愈大。患者的平均寿命只有16.2岁。白血病的发病率为普通人群的15倍。

母亲年龄是影响先天愚型发病率的重要原因。临床上生育期的高龄妇女指年龄在35岁以上的妇女，其生育先天愚型发生率明显增高。因为产妇年龄过大，卵巢所承受的各种有害物质和各种射线的影响也就越多，这些因素都会使遗传物质发生突变的机会增多。

先天愚型目前还无治疗方法，防范先天愚型的重点在于出生前的干预。

（1）孕妇要避免接触电离辐射，尽量不要进行X线检查，远离有放射线的物质，就是看电视也不要过近、过久。

（2）避免大量用药，在怀孕期孕妇要尽量避免大量用药，因为很多药物会导致先天愚型儿的产生。

（3）避免接触化学物质，生活在农村的育龄妇女应做好对各种农药和一些化学物质的自我防护，避免直接接触。

（4）避免病毒感染，病毒感染是引起染色体病的原因之一，在发生流行性腮腺炎、水痘、麻疹等的季节里，孕妇要避免接触这些患儿，并可用淡盐水每日漱口，这样可起到消毒防病的作用。

（5）在孕妇怀孕11～14周时可去接受专业性检测，如确诊为先天愚型，做选择性流产。

第六篇

关于儿童早期教育

79. 什么是儿童早期教育

儿童早期教育就是为儿童构建一个良好的人生开端。儿童早期教育的理念植根于学前教育理论。哲学家柏拉图在他的《理想国》和《法律篇》中论述了儿童优生优育并且提出儿童出生以后应接受公共教育，特别强调要通过游戏、体育、唱歌、讲故事等活动对儿童进行德、智、体、美全面发展的教育。古希腊哲学家亚里士多德则进一步把学前教育分为三个阶段：出生前的胎教、出生至 5 岁的婴幼儿教育和 5～7 岁的儿童教育，重视胎儿的保健、优生、优育，婴幼儿的体育、游戏，儿童的良好行为习惯的培养。法国大革命的思想先驱、教育家卢梭在《爱弥儿》一书中强调教育要回归自然，按照儿童的自然发展历程来进行教育。从此，儿童教育从封闭走向了开放，强调教育要适合于儿童的发展规律。儿童早期教育进入了一个新纪元。

人类进入 20 世纪，面对知识经济和网络时代的竞争，各国都充分认识到今后的竞争就是人才的竞争，人才的竞争就是教育的竞争。随着脑科学研究的进展，儿童的早期教育得到越来越多的国家的关注。

我国以往的儿童教育年龄主要是局限于 3～6 岁。20 世纪 90 年代末，0～3 岁儿童早期教育才受到关注。2001 年 5 月，国务院批准印发了《中国儿童发展纲要（2001—2010）》，内容包括儿童与健康、儿童与法律保护、儿童与教育、儿童与环境。在儿童与教育方面，第一次提出要发展 0～3 岁婴幼儿的早期教养。这标志着与国外接轨的儿童早期教育已经得到国家的充分重视。

80. 儿童早期教育有何理论依据

现代科学技术对人脑与认知的研究，提供了对婴幼儿早期教育有益的信息，发现婴幼儿的潜能远比我们所认为的要丰富得多。

（1）儿童早期经验影响大脑发育。遗传基因是婴幼儿大脑发育的基础，在儿童发育过程中起着重要作用，但婴幼儿丰富多彩的早期体验和经历也影响着他的大脑发育。可以说是"基因预置了潜能，经验塑造了大脑"。

（2）早期语言环境具有深远影响。在丰富的语言环境中成长的儿童，能够掌握更多的词汇，也具有更好地理解语言的能力。

（3）3岁以前是儿童发展关键期。虽然人的成长和发育主要是在18岁以前完成的，但一生中最重要的是儿童期的0～3岁。父母应该给孩子提供一个充满听觉、视觉、语言的丰富环境，因为这是他一生发展的基础。

（4）儿童有特定技能发展敏感期。婴幼儿在早期发育和学习的特定阶段会倾向于学习某些特定技能。而错过这个时期，再学习同样的技能就很困难，科学家把这些特定时期称为敏感期或"机会之窗"。

（5）游戏能够促进儿童大脑发育。婴幼儿的发育是实践性的——游戏的实践给大脑提供经验性认识，游戏能加强神经突触的功能，婴幼儿感兴趣和有适当参加欲的游戏似乎能细化大脑功能。

（6）美国教育家埃里克森认为，儿童人格的形成是生物因素和社会因素相互作用的结果。他的人格形成理论强调了儿童0～6岁的教育的重要性，而且3岁前有两个重要的阶段，主要是信任感和自主性的培养。

（7）意大利著名的学前教育家蒙台梭利认为，儿童具有天赋的吸收力，像海绵吸水一样能持续地从环境中吸收感觉信息。儿童这种有吸收力的心理发展经历了无意识吸收和有意识吸收两个不同的阶段：0～3岁为在无意识吸收心理阶段，儿童通过看、听、闻、尝、摸、碰物体，神经系统吸收、存储了对各种物体的反应记录，使视觉、听觉、嗅觉、味觉和触觉等感官得到了发展。3～6岁为意识吸收心理阶段，儿童开始对环境中的刺激信息进行选择和存取，从而促进了感觉器官对未来刺激的定向性反应及发展。儿童的心理发展过程还具有特殊的敏感期。0～5岁是感觉敏感期，0～6岁是动作敏感期，出生后8周到8岁是语言敏感期。但是，不同的儿童，各个感受敏锐期发生和延续的具体时间是有个体差异的。

81. 我国有哪些促进早教的研究成果值得学习

0～3岁的儿童在身体和心理方面不同于3～6岁的儿童，尤其是语言能力和思维能力还没有充分发展，要以养育为主，教育为辅，不能进行超过幼儿接受能力的、违反幼儿自然发育规律的超常教育或过度教育。如果婴幼儿早期教育不得法，还会严重影响婴幼儿的健康成长。

在这方面,上海的研究者们提出的"教养"理念值得学习。

(1) 亲爱儿童、满足需求。重视婴幼儿的情感关怀,强调以亲为先、以情为主,关爱儿童,赋予亲情,满足婴幼儿成长的需求。创设良好环境,在宽松的氛围中,让婴幼儿开心、开口、开窍。尊重婴幼儿的意愿,使他们积极主动、健康愉快地发展。

(2) 以养为主、教养融合。强调婴幼儿的身心健康是发展的基础。在开展保教工作时,应把儿童的健康、安全及养育放在首位。坚持保育与教育紧密结合的原则,保中有教,教中重保;自然渗透,教养合一。促进婴幼儿生理与心理的和谐发展。

(3) 关注发育、顺应发展。强调全面关心、关注、关怀婴幼儿的成长过程。在教养实践中,要把握成熟阶段和发展过程,关注多元智能和发展差异,关注经验获得的机会和发展潜能。学会尊重婴幼儿身心发展规律,顺应儿童的天性,让他们能在丰富的、适宜的环境中自然发展,和谐发展,充实发展。

(4) 因人而异、开启潜能。重视婴幼儿在发育与健康、感知与运动、认知与语言、情感与社会性等方面的发展差异,提倡更多地实施个体化教育,使保教工作以自然的差异为基础。同时,要充分认识到人生许多良好的品质和智慧的获得均在生命的早期,必须密切关注,把握机会。要提供适宜刺激,诱发多种经验,充分利用日常生活与游戏中的学习情境,开启潜能,推进发展。

82. 儿童早期教育有哪些层面

儿童早教包括学前儿童家庭教育、学前儿童科学教育、学前儿童健康教育、学前儿童情感教育、学前儿童智能教育等层面。

(1) 学前儿童家庭教育。学前儿童家庭教育是实施学前教育的重要组成部分，主要是指在家庭中对学前儿童实施的非正规的教育。学前儿童家庭教育一般由儿童的家长——法定监护人、养护人或其亲属承担。家教不仅有知识教育、道德教育或技能教育等内容，更有行为的影响，父母的榜样作用就是一种教育，即身教胜于言教，父母和孩子之间还有互动关系，也就是互相影响。

(2) 学前儿童科学教育。学前儿童的科学教育是指幼儿在教师的指导下，通过亲自参与的活动，对周围的人文和自然环境进行感知、观察、体验、发现，以及提出问题、寻找答案的探索过程。学前儿童教育是科学教育的启蒙阶段，通过科学教育唤起了儿童对自然界的好奇心和学习兴趣，能够促进他们学习知识和掌握技能的潜力得到释放和促进智力发展。

(3) 学前儿童健康与情感教育。按照现代医学的健康概念，健康包括生理、心理和社会适应三个方面的完满状态。所以，学前儿童健康教育的目的最后指向儿童心理的健康发展，包括情感和社会适应。17世纪英国伟大的哲学家和启蒙思想家约翰·洛克认为："人生幸福有一个简短而充分的描述：健全的心智寓于健康的身体。凡身体和心智都健全的人就不必再有什么别的奢望了；身体或心智如果有一方面不健全，那么即使得到了种种别的东西也是枉然。人的幸福或苦难，大部分是自己造成的。心智不明的人做事情找不到正确的途径；身体衰弱的人即使有了正确的途径也无法取得进展。"毫无疑义，健康是学前儿童幸福快乐的基础和源泉。通过情感教育的实施，让儿童情绪反应适度、社会适应良好，能较快适应陌生的环境，没有过多的消极情绪体验，不断提高自我调节情绪的能力。

83. 儿童健康有哪些标准

（1）健康的身体：是指身高体重符合该年龄段的正常标准。目前肥胖是主要的健康问题，超重儿童越来越多，不但构成健康威胁，还导致心理障碍。

（2）良好的抗病能力：儿童对各种疾病的抵抗能力是体现其身体素质好坏的重要方面。

（3）健康的五官：主要是指儿童的听力、视力、语言能力以及口腔处于健康状态。近年来，人们发现儿童听力障碍、视力不良的患病率逐渐增高。

（4）良好的心理与社会适应能力：社会和学校以及家长都要关注独生子女的心理教育，预防孩子任性、孤僻以及缺乏社交能力等。

研讨儿童健康，必须注意"儿童忽视"问题。这是世界各国普遍存在的现象。"儿童忽视"可导致儿童心理及行为发育异常，对儿童的身心健康具有严重影响。"儿童忽视"的学术定义是指儿童照管者因疏于其对儿童照料的责任和义务，导致儿童身心健康受损的情况。一般可将儿童忽视分为身体忽视、情感忽视、教育忽视、安全忽视和医疗忽视五类。

第六篇 关于儿童早期教育

84. 为何0～3岁儿童的早期教育最关键

20世纪90年代脑科学的研究表明：0～3岁是大脑发展的关键期。在这个阶段，人的大脑迅速发展，形成今后智力、情感、运动、社会交往等各方面能力发展的基础并促进人的发展与进步，必须从0岁开始关注婴幼儿的成长和教育，3岁再抓已为时已晚。

民间有"三岁看老"的谚语，是否有道理呢？1980年英国精神病学家卡斯比与同行对1000名3岁幼儿进行了试验观察，测试结果发现，这些孩子分为充满自信、良好适应、沉默寡言、自我约束和坐立不安五类。2003年当这些孩子26岁时，他们再次与这些孩子面谈并且对他们的朋友和亲属进行调查。结果发现，3岁儿童的言行就可以预测他们成年后的性格。所以，幼儿在成长过程中，父母和幼儿园老师担负着不可忽视的重任。

在婴幼儿期，一个非常值得重视的问题就是"母爱剥夺"，即儿童失去母爱，未得到母亲抚养、照料和爱抚及母－婴交往的生活条件。对"母爱剥夺"的儿童心理发展规律和特征的研究，证实了母爱对人早期身体和心理发展的巨大作用。母爱剥夺不仅引起心理发展出现障碍，而且也影响身体的正常发展。J. 鲍尔比认为，母爱剥夺15～30个月儿童焦虑发展经历三个阶段：反抗、失望和超脱阶段。在超脱阶段，表面上儿童恢复了常态生活，但实际上态度变得冷漠。如果主动丰富已经失去母爱的儿童的社会生活，会使他们身心发展趋于常态，态度变得热情，智力会明显提高。幼儿在1岁以内主要是由母亲抚养，母子之间形成一种依恋关系，母亲能够给予婴幼儿安全感。母乳喂养时的肌肤之亲、熟悉的规律的心跳（与胎儿在体内一样）、轻微的摇动（抱孩子时的习惯动作）和温柔的语言都是母亲与幼儿最好的情感交流。由于没有语言表达能力，他们对于外界的不愉快感受（如恐惧）会用哭泣来表达，这是儿童的语言，需要通过母亲的安慰来缓解不适感。婴幼儿通过成人的言行感受世界。孩子在哭的时候喊妈妈，或者在孤独的时候想妈妈，就是说他们爱母亲。如果发生母爱剥夺，幼儿的需求不能得到满足，对其性格和智能发展会产生不利影响。

85. 教育0～3岁幼儿要注意哪些方面

首先，教育者要尊重儿童。儿童的心理不同于成人，不能被当作小大人来对待，那种站在成人的角度来看待儿童、教育儿童的观念和方法，视儿童为成人可以任意填塞东西的"空容器"，粗鲁地要求儿童盲目顺从、绝对信任成人，是一种背离儿童发展需要的错误做法。如果成人误以为自己是儿童的创造者，一味强求儿童被动地、机械地接受成人的支配，那么，发出的指令信息越多，儿童个体身心发展所受的阻碍就越大。例如，儿童做手工活动的时候，家长或老师所要做的事情就是观察和等待，而不应该以自己的智慧去代替儿童的智慧，更不要做儿童的"仆人"，替他们梳洗、穿衣、喂饭等，否则，就会切断儿童活动的通道，成为儿童积极性发展的最大障碍。应该引导儿童自己去思考、自己去活动，进而发展儿童的主动性和独立性。

（1）培养孩子的注意力。注意力是学习能力的前提，幼儿的注意力不够稳定,而注意力培养却是儿童早期教育的关键。培养幼儿的注意力不能靠说教和管束,而是靠提高或培养事物对幼儿的吸引力,有了吸引力才能增加儿童的注意力。简单和动感的色彩画面对于儿童具有高度的吸引力,动画片对儿童有很好的教育作用,正是因为动画片能够吸引儿童,增强了儿童的注意力。无论是对音乐、动画还是玩具,只要能够培养儿童的注意力,就能够促进他们智力的发展。

(2)培养孩子的观察力。观察力是在注意力的基础上发展起来的,观察力是学习自然科学的重要技能之一。幼儿的观察力主要是观察事物的变化和活动。观察力是幼儿智力进一步发展的结果,比如,幼儿不但看到一朵花,而且看到花上还有一只小虫在爬,这就是观察力。由于儿童没有成人的生活经验,所以观察力特别强,什么东西都能让他们仔细地观察起来。在观察中他们能够学会区别事物的特点和差别。家长应该积极培养幼儿的观察力,不要用成人的思维方式来干扰和取代幼儿的观察力,而应该鼓励幼儿观察事物的行为。家长也可以选用一些具有训练观察力的玩具或经常带幼儿到公园或动物园游玩。动物园是儿童的天堂,儿童与动物有先天的情缘,他们喜爱动物,在观赏动物的同时,充分发展了他们的观察力。儿童的观察力也是建筑在兴趣之上的,动物或植物能够引起儿童最大的兴趣,所以动物园或郊外是锻炼儿童观察力的最佳场所。

(3)培养孩子的模仿力。幼儿开始没有创作能力,也没有成熟的语言,但他们很快就有模仿能力。他们主要是模仿成人的动作,多数模仿母亲。无论是动作、说话还是表情都是对成人模仿的结果。模仿力越强,学习的能力就越强。家长应该鼓励和指导幼儿进行简单动作的模仿或者模仿唱歌、发音等。其实儿童玩玩具也是模仿行为，模仿次数多了就掌握了同类的行为。儿童洗脸、漱口、穿衣以及如厕都是通过模仿习得的，模仿是儿童发展的重要行为方式。

（4）培养孩子的想象力。每个孩子都有丰富的想象力。家长要培养孩子的想象力就要给孩子提高丰富的能够唤起孩子想象力的资源。这些资源包括各种各样的玩具、五颜六色的房间、多姿多彩的大自然环境、动物园、植物园等。丰富多彩的音乐和简单的故事也能够激发儿童的想象力。大人给孩子讲故事是对儿童想象力的最佳培养方式，儿童开始有了自己的思维方式，他们的想象力得到进一步强化。儿童将学会的故事进一步加工或者"改编"也是儿童想象力的见证。

（5）培养孩子的操作能力。操作力主要是指儿童的动手能力。儿童通过玩玩具、做手工、摆积木或拼图等来锻炼动手的能力。操作力的锻炼是儿童智能发展的技能之一，对于儿童的观察力、注意力和想象力都有帮助，对于提高儿童的思维能力具有重要意义。在训练和培养操作力的时候，家长不要急于求成地指导儿童，而是让他们自己慢慢领会和掌握这些技能。操作力是儿童创造力的基础，甚至一些儿童对玩具的破坏本身也是一种对未知世界的探索。比如，儿童拆了闹钟，家长不要斥责由好奇心引起的破坏行为，应该给予引导。

86. 自幼培养孩子的音乐能力重要吗？为什么

热爱音乐是儿童的天性。我们应该确信，每个儿童都需要音乐，如同花草需要阳光雨露一样。音乐的启蒙教育就是要满足并激发儿童对音乐的兴趣，发现和培养儿童的音乐才能。优美动听和欢快活泼的音乐给儿童听觉需求以最大的满足。有生动形象和丰富表情的音乐旋律和节奏能够更好地激发儿童的想象力。例如，儿童可从音乐中领略大自然中的潺潺流水和鸟语花香。

由于儿童语言和文字能力还没有发展起来，他们缺乏创造力，但具有很强的模仿力，他们最容易模仿的是唱歌。如果歌词简单、旋律优美、朗朗上口，那么儿童很容易模仿歌唱。这不但是对音乐最直接的学习，也是对语言的直接学习。歌唱的方式最容易记忆，这就是为什么一些儿童能够唱很多儿歌，却还没有良好的交谈能力的原因。

87. 为何音乐能力对于 0～3 岁幼儿更为重要

音乐是情感表达的艺术，由于儿童语言还不发达，他们难以用语言来表达他们的内心世界，但却最容易利用音乐来进行情感表达，儿童经常会情不自禁地随着音乐翩翩起舞。著名的发展心理学家、美国哈佛大学教授加登纳曾经说过："个体可能具有的天赋中，音乐天赋是最早出现的。" 1 岁半的孩子已经准备正式学唱歌，与语言同步平行发展。音乐能力包括感受音乐美的能力和表达音乐美的能力。一切音乐能力只能在幼儿的音乐活动中产生和发展。音乐与语言一样，是独立的智能，只要通过耳与口就能独立发展了。音乐能力在大脑右半球定位，这意味着音乐能力与空间能力有着密切关系。婴儿对于声音或旋律的感知是从胎儿阶段开始的，他们在母体内已经习惯了母亲的心跳声音和节奏感。如果用左手抱婴儿，他们容易听到母亲的心跳声而安静和入睡。所以说幼儿对于节奏具有先天的敏感性。

音乐对于智力发展具有重要意义。匈牙利音乐教育家认为，音乐可以激发儿童对于各种活动的意向，是引导儿童发展的不可替代的因素，对于儿童认知、情感和意志的发展具有重要意义。婴幼儿的感知能力是情感的萌芽，欢快和激动的音乐让婴儿兴奋，舒缓和柔和的音乐让婴儿平静，音乐丰富了婴儿的情感体验。音乐的独特的吸引力加强了儿童注意力的培养和锻炼，同时也强化了儿童的记忆力。儿童本来就具有丰富的想象力，而音乐能够刺激儿童产生与音乐一致的情感体验，这样就进一步发展了儿童的想象力。音乐确实能够启迪儿童的智慧，如果要通过音乐促进儿童的智力发展，首要的是让儿童对音乐感兴趣，让他们爱听音乐和理解音乐，从听觉到心灵都能够沉浸在音乐里，使自己的性情在音乐中得到陶冶和升华。当然，儿童对音乐的感知也存在个体差异。

88. 对0～3岁儿童有哪些具体的教养内容呢

上海市由政府主管领导牵头，有卫生、计生、妇联和社区共同构建了一个全社会关心、支持、服务于0～3岁婴幼儿健康成长的早教体系，提出儿童早教不同阶段的要求：

新生儿：

（1）自然睡眠，房间空气清新，温度适宜，洁净温馨。

（2）按需哺乳，面带微笑，目光注视，经常进行肌肤抚触与搂抱。

（3）勤洗澡、换衣裤和尿布，保持皮肤清洁和干燥。经常对眼睛、脐部、大小便进行观察。

（4）提供适量的视听刺激，常听舒缓柔和的音乐声、玩具声和讲话声，常看会动的玩具和人脸等，适宜距离为 15～30 厘米。

1～3 个月：

（1）自然形成有规律的哺乳、睡眠。及时添加生长所需的营养补充剂。

（2）在适宜时间内进行适量的户外活动和户外睡眠。

（3）在逗引交流中，对亲近的人和声音产生反应，从微笑发展到大声笑，情绪愉快，培育婴儿依恋亲情。

4～6 个月：

（1）睡眠时间充足，逐渐养成自然入睡、有规律睡眠的习惯。

（2）用小手扶着奶瓶吸吮奶、水，按月龄添加辅助食品，逐渐形成定时喂哺。

（3）在穿衣、盥洗中，乐意接受洗脸、洗手、洗屁股、洗澡。

（4）学习翻身和靠坐，主动伸手抓住玩具，并双手自玩。

（5）学习辨别亲近人的声音，转向发声（叫他名字）的方向，用"咿呀"声与人交流。

（6）注视和学习辨认周围生活环境中的人、物和事。

（7）对熟悉的音乐有愉快的情绪反应。

7～12 个月：

（1）逐渐形成定时睡眠（白天 2～3 次，一昼夜 13～15 个小时），自然入睡。

（2）逐渐提供各类适宜的食物，初步适应咀嚼、吞咽固体食品，尝试用杯喝水、用勺喂食。

（3）配合成人为其穿衣、剪指甲、理发和盥洗等活动。学着坐盆排便，对大小便的语音信号有反应，有一定的排便规律。

（4）练习独坐、爬行、扶住行走、捏拿小物件，学做简单的模仿动作。

（5）模仿成人的发音，听懂简单的词，并作出相应的反应（如指认五官等）。

（6）用表情、动作、语音等回应他人。

（7）跟着音乐节奏随意摆动身体。

13～18个月：

（1）按时起床、入睡，醒后不哭吵，情绪保持愉快（白天睡1～2次，一昼夜睡12～14个小时）。

（2）自己用杯子喝水（奶），停用奶瓶吸吮，尝试在成人的帮助下用小勺自己进食，形成定时、定位专心进餐的习惯。

（3）饭前要洗手，饭后要擦嘴、喝水漱口。学习用语言或动作表示大小便，并在厕所坐盆便溺。

（4）练习独立行走、下蹲、转弯，学着扶栏杆上下小楼梯等。

（5）选择自己喜欢的玩具进行摆弄和玩乐。

（6）模仿成人的单词或短句，学着称呼人、用单词句表达自己的需求。

（7）尝试用喜、怒、哀、乐行为表达自己的情感。

（8）感知周围生活环境中的花草和树木、人和物，会指指

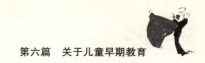

认认。

（9）感受音乐节奏带来的快乐，跟着音乐做肢体动作。尝试涂涂画画。

19～24个月：

（1）保证充足的睡眠（一昼夜睡12～13个小时），睡前要脱衣裤。

（2）学用小勺自己进餐，养成吃一口、嚼一口、咽一口的习惯，口渴时喝水。

（3）在盥洗时学着使用肥皂、毛巾。在成人的帮助下学脱鞋子、裤子、袜子和外衣。

（4）练习自如地走、跑，双脚原地蹦跳，举手过肩扔球，叠高小积木，串大珠子，并学着收放玩具。

（5）学用简单句（双词句）表达自己的需求，说出自己的名字，喜欢亲子阅读、听故事、学念儿歌。

（6）辨别周围生活环境中的常见物，对物体形状、冷热、大小、颜色、软硬差别明显的特征有初步的认知体验。

（7）经提醒与人打招呼，学着在同伴中玩耍、游戏。初步懂得简单是非，学着遵守规则。

（8）随着音乐节奏做模仿动作，跟唱简单的歌曲，喜欢涂涂画画。

25～36个月：

（1）按时上床，安静入睡，醒后不影响别人，养成良好的睡眠习惯。

（2）用小勺吃完自己的一份饭菜，愿意吃各种食物，自主地用杯喝水（奶）。

（3）学用肥皂、毛巾自己洗手擦脸，主动如厕。

（4）有模仿成人做事的兴趣，学习自己穿脱简单衣裤、鞋袜，自己洗脸、洗手等。

（5）练习钻爬、上下楼梯，学走小斜坡，体验到其中的乐趣，有初步的环境适应能力。

（6）操作摆弄积木、珠子、纸、橡皮泥等玩具，提高手指的灵活性和手眼协调性。

（7）学用普通话来表达自己的需求，乐意参加阅读活动，喜欢讲述事情和学讲故事、唱儿歌，理解并乐意执行成人简单的语言指令。

（8）在生活中感知常见的动植物和简单的数，觉察指认颜色、形状、时间（昼夜）、空间（上下、内外）等。开始了解人、物、事之间的简单关系。

（9）逐渐适应集体生活，愿意亲近老师和同伴，淡化与父母的依恋。有初步的自我安全保护意识。学习对人有礼貌，不影响别人的活动。

（10）跟着唱唱跳跳，用声音、动作、图画、粘贴等多种方式表达自己的感受。

第七篇

婚姻，你会经营吗

89. 从"自我"到"我们"——婚后生活的第一道难关

"浪漫爱情像诗歌那样飘逸甜美,婚后生活像散文一样平淡无奇。"情况确实如此。

蜜月归来,夫妻开始了朝夕相处的日常生活"操练",眼前的景象与恋爱期间大不相同了:与恋人幽会的渴望与欢悦被习以为常的起居饮食、家务操劳所取代;锅碗瓢盆、柴米油盐中生不出多少浪漫情怀;对方身上的某些"瑕疵",在夫妻彼此的零距离观察中得以赤裸裸的展现;谈情说爱时的那种温柔、体贴、迁就、妥协、容忍,随着婚姻岁月的流逝而日渐淡化;新婚蜜月期性生活的那种新鲜感也在减弱;作息时间、家务分工、收支理财等,无处不存在矛盾和困难。

从"恋人"到"夫妻",要求双方适当改变自己过去的生活方式,以便使自己的生活情趣与对方的情趣相吻合。这并不是件容易的事,尤其是对于那些婚前交往不充分、彼此缺乏深层了解、承诺感不够或不坚实、未做好适应对方的心理准备的夫妻来说,这第一个台阶是很难顺利跨上去的。我们知道,每个人结婚后,都会把自己特有的习性和品格即一个独特的"自我"带到夫妻生活中来。夫妻关系后来的发展,在很大程度上是受两个"自我"的相互作用影响的。夫妻中一方要认识、理解和悦纳对方那个"自我",是件异常复杂和困难的事;而没有这种理解和悦纳,则很难达到彼此沟通、默契、包容,更谈不上亲密无间、心心相印了。夫妻认识对方那个"自我"的过程,就是从婚前的"附和"到婚后的"融合"过程。夫妻调适状况反映着彼此是用什么方式方法去了解和适应对方的。可以说，婚后生活的和谐与否，正是取决于夫妻双方在多大程度上能够相互承诺、相互体察、进入对方的内心世界、探明对方特殊的需求和心理体验，从而做出适应的努力；通过这种努力，才能完成从"自我"走向"我们"这一必需的"心理组合"过程。遗憾的是，许多年轻夫妻，并无这样的知识、承诺感和心理准备，以至婚后好几年，仍是我行我素，彼此在心理上相当陌生，行为上互不容忍。在现实生活中，不乏因认不清和接受不了对方那个"自我"而在婚姻生活中付出沉重代价的例子。须知，如果认不清、不尊重对方那个"自我"，就可能在无意之中给对方带来难以治愈的心理伤害。而正是这种不被对方察觉的伤害，给夫妻关系笼罩上一层阴影，从而破坏了夫妻生活的心理气氛。当然，认识对方的过程往往是非常缓慢的，有时甚至要等对方在家庭内外的人际关系中做了许多蠢事错事，惹出了某些麻烦之后才真正了解他（她）。正是鉴于夫妻之间的了解需要充分的时间、精力和耐心，婚前交往时间就应当长一些（最好有3年左右，闪婚在前导致闪离在后，对两方都是悲剧）；而且婚后最好不急于生孩子，留出1～2年时间来建立亲密而稳定的夫妻关系，既能享受美满的二人世界，也能从容不迫地上好"第一台阶"，然后再去攀登第二级阶梯。也就是说，在孩子到来之前，夫妻应有充分的准备，至少应建立起稳定而和谐的夫妻关系。遗憾的是，如今的男女晚婚普遍，晚育却难。许多夫妻一旦结婚，就迫不及待地去证明自己有生育能力。加之年岁确实较大了，难以再等上几年。这样，夫妻很可能第一台阶还没迈好，就气喘吁吁地向第二阶梯跨上一条腿，结果搞得自己力不从心，进退两难，甚至跌倒受伤，痛苦不堪。所以，面对现实，众多学者都认为，结婚前的准备训练很重要，包括做父母的准备。

90. 夫妻"AA制"应当慎行

已是两情相悦、两心相许的夫妻，在经济上也理应不分彼此。近年来从西方传入中国的"AA制"，先是在社交应酬中盛行，逐渐也被一部分青年夫妻用作日常经济生活的"平均分配"方式。有人是出于对新鲜事物的热衷，有人出于对个人利益的维护，还有人是出于对婚姻前景的担忧。但无论如何，"AA制"用在婚姻关系中都是不适当的。夫妻在分别支付各自的那一份花销时，已将"我们"分成了两个"自我"，在维护个人利益的私心下，斤斤两两地盘算很容易损坏夫妻之间的亲密情感，若是担心婚姻短命而"AA制"，那更可能"疑心生暗鬼"，迟早引发婚姻危机。如果夫妻双方都有西方文化背景则情有可原。

当然，对于少数再婚夫妻来说，双方的经济财产关系比较复杂，"AA制"也许是一种不得已和较为省心的处理矛盾的办法。

91. 抚育幼龄子女期间的夫妻关系调适

孩子降生后，无疑要增加很多麻烦。夫妻必须根据实际情况，分清轻重缓急，重新安排家庭内外的活动。此时仍旧幻想刚结婚时那样无牵无挂、自由自在的生活，肯定是不现实的。

新生儿会给父母带来无比的喜悦。当父母怀抱自己的亲生骨肉、领略创造生命的奇迹时，会感到无比的欣慰和自豪。可惜，这种欣慰感一般不会持续很久。随着涮奶瓶、换尿布及为各种琐事的操劳，夫妻双方都会产生心理上和体力上的疲倦感。由于哺育婴儿的繁杂任务主要落到母亲身上，有些妻子还可能因"角色不适"而出现"产后忧郁症"。实际上，孩子出生后的一年内，是夫妻关系最容易发生"危机"的时期。因为，孩子出世前，小两口如胶似漆、亲密无比，心目中只有对方。可是，自婴儿呱呱坠地，家中就由两人变成了三人，小两口的生活圈子顿时被"第三者"打破。从此孩子成了中心，使夫妻感情发生了"历史性转移"：从心理气氛上看，似乎丈夫总是在与孩子争夺妻子的爱，而在这一争夺中，孩子又几乎总是胜利者。对于这样的变化，丈夫容易感到不适应。由于婴儿对母亲的需求是绝对的，夫妻双方都不得不牺牲一部分"自我需求"，重新调整夫妻的生活安排。这时的夫妻性生活也多少会受到干扰，频度可能降低，这尤其容易引起丈夫的无奈感。所有这一切，都在一定程度上考验着夫妻关系的牢固性。要较好地适应从做夫妻到做父母的转折，就应当有如下的认识和实际行动。

第一，明白母亲对新生儿的照护是绝对的，做父亲的只能服从孩子的利益，暂时"忍痛割爱"，承受感情上的某种程度"被剥夺"，谅解妻子在这一阶段无法"两全其美"的困难处境。

第二，夫妻双方更要学习必要的育儿知识，同心协力去保护孩子，并从中加深夫妻之间患难与共、风雨同舟的情谊。

第三，由于妻子全神贯注于婴儿的抚育，性欲望可能会下降，性反应也许出现迟钝，甚至产生疲乏感或厌烦情绪。这时，做丈夫的就应耐心体谅，不能"唯我独尊"，以免伤害妻子的感情。

第四，妻子要与丈夫在一起抚育婴幼儿，尽量不要回娘家长住，使丈夫产生失落感和"局外人"的感觉。丈夫参与养育孩子，不仅是为了减轻妻子的一份操劳，而且是男女平等的体现，也是锻炼男人成熟性和家庭责任感的机会，还是在孩子面前的良好角色示范呢。

总之，夫妻做了父母之后，要努力让生活的齿轮正常运转。尽管夫妻双方都要为养育子女花费很多时间和精力，但仍要为夫妻亲昵留出一定时间和空间。如果情况允许，夫妻应从老人或保姆那里得到一些帮助，以便经常都有属于小两口儿的时间，保持夫妻的亲密关系。

92."丁克族"生活方式不宜效法

如今在城市，有一部分"开化"的青年男女（主要是年轻白领夫妻），青睐"丁克族"的生活方式。在西方兴起的"不生育文化"正在东渐到中国。"丁克族"所青睐的"不生育文化"，是颇值得关注的现象。

无论从个人还是从社会角度来说，"不生育文化"都不值得效法。生物科学的研究者们认为，人的生育愿望来自生物的"内驱力"，完全压抑或扼杀这种内在潜能对人的身心健康是有害的。社会心理学家指出，一个人完整的"社会化"过程，应包括生儿育女的经历和体验；怀孕、生育、做父母，是夫妻创造新生命的伟大壮举；生育子女是母亲生活中的辉煌篇章；丈夫和妻子，都在抚育下一代的过程中继续成长和成熟，学会无私地爱，使爱的潜力发挥到最高层次；夫妻在共同养育子女的过程中凝练出来

同舟共济的深厚情谊,是比任何人际关系都更加宝贵的情感;夫妻之爱和父母对子女的爱,是夫妻"白头偕老"、将婚姻的航船驶向幸福彼岸的重要情感支撑。

大量受过良好教育的夫妻不愿生育,还对社会整体的人口素质带来影响。专家们早就提出了"人口素质逆淘汰"的警告,即总人口中,智力人口比例大大下降和非智力人口比例上升,对我国现代化事业造成极为不利的影响。

当然,有极少数夫妻确实不宜生儿育女,在生育选择上是应当慎重的。首先是那些被发现患有遗传疾病或严重精神障碍者,其次是双方都必须献身于事业、专注于某种特殊使命而实在无力承担养育子女这一艰巨任务的夫妻。但这类夫妻在人口中毕竟只是个别,不具有代表性。

越来越多的年轻夫妻不愿生育,甚至情愿去养小猫小狗代替抚养孩子,借助于孩子以外的"活体"去填补亲情的空白或满足开心解闷的需要。这也许是享乐主义价值观的体现,甚至折射出某种心理畸形的阴影。另一方面,如今的高离婚率使人们对婚姻失去信心,对生儿育女感到畏惧,也是"丁克族"增多的原因之一。也有些夫妻,在年轻时不想生孩子,错过了生育的"黄金季节",到中年又想生孩子了,但却难以如愿。再说,女人年纪大了再去生育,对母亲和孩子的健康都是不利的。

93. 性别角色与男女平等

男女对性别差异和性别角色的不同理解,在很大程度上影响着他们的婚姻期待和角色行为。一般说来,女性在婚前更倾向于接受传统的角色模式,她们对"男子汉"气质有一种浪漫主义的期待。可是当她们的幻想与期待面临婚后出乎预料的现实时,往往便发现自己承受不起为这种浪漫主义付出的代价,转而希望自己的丈夫帮助干那些"婆婆妈妈"的家务事,尤其在双方都参加工作的情况下,家庭中的"男子气"和"女人气"是很难长期相安无事的。如果丈夫不适应从恋人眼里的"英雄"、"勇士"变为妻子身边的助手、"下属"之类的"角色"转换,那么婚后的角色冲突便随时都可能发生。至于男性在婚前看重的女性"魅力",是由包括服装、发型、装饰品在内的外观美和内在气质构成的。这种婚前美,基本上是女性自身投资,男性只管欣赏;然而结婚之后,尤其是孩子出世之后,现实条件往往不允许妻子继续"奢华",丈夫也感到无力为增添妻子的魅力而大量投资。况且,工作和家务的双重担子也会消磨妻子昔日的娇美。如果妻子因为生活或工作中的困难而变得烦躁易怒,那么她以前在丈夫眼里那种"女性气质"就更会大打折扣,从而引起丈夫诧异。这种落差也是夫妇心理冲突滋生的潜在因素。所以,人们在婚前应当接受的角色训练,决不应当是僵化而刻板的,而要灵活多样,要为婚姻进展和环境变化做好转换角色的准备。

在婚姻中,重要的不是各自扮演什么角色,而是双方的角色要配合默契。其中,夫妻的某些差异不仅是存在的,而且是必要的。一个强烈地追求事业及渴望自我实现的女性,与一个有优越感和统治欲的男性结合,就很难达到默契。只有男女双方彼此承认和尊重对方的角色取向、智慧能力和事业表现,并愿意求同存异,取长补短,相互支持与合作,才能结合为幸福的一对。这种支持与合作，其根本前提在于真正理解对方，正确评价对方的潜能和贡献。夫妻双方在结婚之前的"角色认同"十分重要，在恋爱期间的角色竞争、互不相让等情况，可能预示着角色期待的冲突。因此，一位渴望成就事业的女性在交男朋友时就应当考虑对方是否能接受你的成就动机、角色取向，或者你的事业追求是否将危及对方的自尊心，要及早弄清底细，决定弃取。

现代文明生活的进步，给女性提供了传统角色以外的多种选择，这就要求男性作出相应的调适，不再以"一家之主"自居。问题往往发生在：如今妻子希望获得好几种角色的补偿，但却只愿承担一种角色的义务；而丈夫又希望妻子承担多种角色的义务，却只给妻子某一种角色的补偿。有些丈夫希望妻子扮演贤妻良母的角色，但却又十分轻视这种角色，有些妻子希望丈夫在职业领域中去努力拼搏，但又不甘心自己多承担些家务事。然而，在中国目前的社会经济条件下，双职工的家庭，若又有子女、老人，夫妻中总有一方在某种时候和某种情况下必须做出妥协和牺牲，但并不是说永远要妻子让步，服从传统的"二保一"模式，而是要视不同时期和不同情况而决定"谁保谁"。遗憾的是，传统的男性角色观念是那样根深蒂固，它仍然妨害着男人支持女性去进取。例如，妻子挣钱比丈夫多，或丈夫感到妻子的聪明才智胜过自己，以及妻子的学历或职位比丈夫高等情况，都可能使丈夫的自尊心受到挫伤，这在城市夫妻中时有所见，也是所谓"女比男强，好景不长"的偏见得以流行的社会心理环境。

总之，每一对夫妻，都应当正确地看待男女的差异，客观地评价各自的能力和贡献，认识到男女的主从地位和优劣之势并非与生俱来，因而对男女角色与位置不作截然划分，双方都要能伸能屈，互助互补，这样才能建立一种灵便和谐的夫妻关系。

94. 夫妻性爱，不可怠慢

如今，越来越多的夫妻抱怨性生活不和谐，或很少有性生活，甚至根本不过性生活了。

职业竞争进一步加剧，工作变得越来越苛求、累人。大学毕业要自谋职业，有了职业还要为升迁机会而思虑；为提高职业水平而去"充电"，还要应付不断的岗位业绩考核。这一切，夺去了身为夫妻和父母的男女绝大部分精力和时间。每天，丈夫和妻子拖着疲惫的身心回到家，还有做饭、洗衣服、涮碗、检查孩子作业等琐事等着呢！忙到深夜十一二点上床，哪里还有精力过夫妻生活呢？就算熬到周末，还有采购、打扫房间、带孩子去上特长班，有的还得加班、应酬，加之"充电"课程及作业，毫无休闲的感觉。于是，有些夫妻就自然把性生活一事淡漠了。其实，男人在外的压力更大，应酬、加班更多，就更容易心力交瘁。许多人常说：我太需要睡觉了！这绝不包含夫妻生活在内。夫妻之间的性怠慢让人不以为然。

有的妻子问：现在的女人为何青春如此短暂，仿佛生完孩子就到了更年期？此问有理。许多夫妻新婚不久，双方的性欲就陡然下降，感觉迟钝，身心麻木，甚至房事成了累赘。然而，毕竟夫妻关系不同于其他关系，合理合法地过性生活，以此表达爱情、享受快乐、增进健康，这是现代婚姻的重要功能。如果婚姻缺少了这样的性爱功能，双方都会产生迷茫、不满、压抑、焦虑等不良情绪。其实，夫妻间那些无谓的争吵、分居、婚外情乃至离婚大战，常常都包藏着性生活不如意的祸根。试想，如果夫妻从早到晚在外劳碌，晚上回家还是各忙各的，几乎没有性生活的自然联系和感情交融，岂不日益成为相互陌生的邻居吗？恋爱时的那点感情存储，消耗得了多久呢？

要让夫妻的性生活适意，就需要双方作出特殊的努力和刻意的安排，采取"战略上"的调整，而不是战术上的补救。例如，把过好夫妻性生活当作自己的权利、责任、恩爱、保健等重要选项，放在生活的必要位置上，而不是可有可无，等到"没事了"、"电话铃不响了"、"孩子睡着了"、"搬到新居了"、"兴头来了"，再去"乘机而为"。

的确，夫妻对"性事"要像对成就事业和养育孩子那样去尽心尽力。例如，双休日中至少有一天要把夫妻生活计划和准备一番：酝酿某种好心情，晚饭后出去散散步，早一点打发孩子睡觉，关上手机，把电话插头拔下来。此外，这一天都不要提及不愉快的事，尤其在上床前避免任何口角。即使这样，也许有的丈夫或妻子仍会感觉事到临头情绪不高，那也不要紧，做起来就会提高情绪，何况是夫妻之间在表达关怀与恩爱呢。当你想到夫妻性爱的满足关系到夫妻天长地久的生活与生命的健康，也许你就会像对待钟爱的事业那样倾尽全力去投入了。

这个世界太繁忙，你的人生太辛苦，如果不痛下决心忙里偷闲给夫妻性爱留点时间，你就可能在枯萎的爱情和无性的婚姻中陷入危机甚至不幸。

第七篇　婚姻，你会经营吗

95. 夫妻有隐私权吗

保护"隐私"，不仅涉及一般的人际关系，而且也涉及夫妻关系，这是社会进步和婚姻生活文明化、现代化的要求。

与传统婚姻的占有、封闭等特点不同的是，在现代婚姻中，夫妻生活具有相当的平等性、开放性、自主性。正是现代婚姻的这些特点，使保护隐私成为必要和可能。比如，男方和女方都有各自原来的家庭、亲友，结婚后，在不损害小家庭物质利益的前提下，一方或双方手头都有点"私房钱"，用于平时的礼尚往来和必要应酬，以维护先前的亲戚关系或朋友交往。此事不需要每次花费时间或精力去与配偶讨论，双方行使自己的那点自主权，省事省心。这就是保护经济方面的隐私。这是在承认双方的交往情况、消费观点、需求和习惯不完全一致的前提下，避免矛盾冲突的好办法。现在有些"妻管严"的婚姻，妻子强迫丈夫把每月的工资、外快都如数交出来，丈夫想要给自己的父母或亲友买点礼物，或是与朋友在外面吃顿饭，事事都得"请示"妻子，有时弄得很不愉快。也有的丈夫在经济上独断专行，不允许妻子有任何独立自主的花销，尤其反对妻子接济娘家亲属。由于不允许对方保留经济上的隐私而导致夫妻反目乃至婚姻危机的情况，在现实生活中时有所闻。

在人的精神世界和感情生活中，情况就更复杂些。总的说来，一个人要完全占有另一个人的全部心理世界和感情天地，是绝对不可能的。现代夫妻关系，是两个交叉而不重叠的圆圈。交叉部分属于两人世界，不交叉部分是各自的独立空间。多数人从小到大，都在自己的内心深处留有暂时或永远不对别人开放的"禁区"。例如，一个结了婚的男人，可能过去同另一个女性谈过恋爱，但没有成功；可是他心中还留有对那位初恋异性的某些美好回忆，初恋没有结果，友情尚可留存。他把这种美好的回忆珍藏在心里，没有告诉妻子，是怕引起妻子的疑虑，这是尊重妻子的表现。一位贤惠的妻子，也可能在婚前有些朋友，是丈夫不喜欢或者没有必要结识的，妻子也无法勉强让自己的朋友全都成为丈夫的朋友。在这种情况下，妻子偶尔抽出闲暇时间去拜访先前的朋友，而不愿花费口舌去向丈夫"请示"汇报，这也是完全可以理解的。有的夫妻结婚后，各自在学习和工作中都发现一些值得自己敬重的同性或异性朋友，如果这样的朋友能成为夫妻双方交往的对象，那当然很好；但是由于双方的事业领域或生活情趣不完全相同，一方的志同道合者不可能也没必要成为双方共同的伙伴，那就应当允许一方在充分珍惜自己的夫妻关系和正确估量对方利益这一前提下，独自决定同哪些人或以什么方式交往，在交往中保持什么分寸等等，而不必事事向配偶详细解释，以免酿成弄巧成拙的结局。

　　允许和尊重对方的隐私，首先是建立在理解和信任对方的基础上，是以钟爱对方而又不控制对方的新型夫妻关系为前提的。关键的问题是夫妻之间有无真爱，有无承诺与责任感以及在此基础上的相互忠诚。

96. 父亲角色缺失与父爱饥渴症

　　如今，有太多的家庭缺失父亲的角色，或因父亲长期离家工作，或因父母不和而导致分居和离异，其中的孩子绝大部分与母亲在一起生活。这些缺少父爱的孩子可能出现一类特殊的心理问题，心理学家称之为"父爱饥渴症"。

渴望父爱，这是孩子最深沉和迫切的心理需求。他们渴望一位强健而富于幽默感的、粗犷而温和的、自信而又谦虚的、智慧而又厚道的男人在自己身边，从而培养对周围世界的安全感与自信心。他们在与父亲嬉戏玩耍之中，学会欢笑、豁达、乐观。

男孩从一个男人那里学会做男人。缺少父爱的男孩，在其到达青春期时，表现出烦躁不安，厌恶父亲，因为他内心充满了得不到父爱的失落与凄苦。当他终于长大，变成父亲那样的男人时，便时而自责，时而伤感，但他并不明白自己究竟缺少了什么，为何如此孤单。他盲目地去尝试种种可能补偿的办法，包括性放纵、酗酒、暴力甚至铤而走险。"父爱饥渴"的女孩，到了青春期，很容易与一个貌似成熟的男孩或男人"坠入情网"，其实，这与爱情无关，她不过是在寻找一个"替代父亲"。

所以，不能认为养育孩子只是母亲的义务，父亲是可有可无的。无论父亲多么忙碌，都必须让孩子享有父爱的温暖。认识到这一点的父亲，总会找到向孩子施爱的种种办法。须知，孩子也是父亲的重要"作品"，怎可慢怠呢？

97. 夫妻吵架，约法三章

曾有报道说，某对夫妻一辈子相敬如宾，从不吵架，甚至彼此未红过脸。这当属奇迹。其实，夫妻在同舟共济、相依为命的漫长婚姻旅途中，吵架不仅可能，而且有时还是必需的呢。"吵

吵闹闹几十年,到头还是好姻缘",这是普通百姓婚姻生活的真实写照。

夫妻吵架,不外乎两大类原因,一是外因,二是内因。外因是与婚姻无关的原因。例如,事业挫折、工作压力、人际冲突、丢财遇灾等情形导致心情沮丧、愤怒、忧虑、压抑之类的不良情绪,这类情绪一般不会自动消失,总要找机会宣泄出来。而最安全的宣泄场所当然是家里,最合适的宣泄对象则是配偶。因为每个人在家里的"肆无忌惮"多半得到家人的宽恕,在配偶面前更容易暴露出真实的内心。在心理学家看来,情绪宣泄是心理保健的良方,因而主张"家庭要成为心理急救站,夫妻要互为心理医生"。夫妻间的体贴、关怀、耐心、接纳、容忍是最有效的"疗伤"。

夫妻吵架的另一类原因则与婚姻生活本身有关。两个来自不同性别、不同家庭背景和有着不同成长经历的人,结为朝夕相处的夫妻后,矛盾冲突是不可避免的。不知要经过多少争吵与和解、斗争与妥协,才能达到夫妻之间的默契。这就是所谓的"调适"过程。

夫妻在彼此相处中,总会发现对方的某些缺点甚至错误,如果能及时指出、相互沟通,就能化解矛盾,避免冲突。但如果夫妻未形成良好的沟通习惯,平素那些小小的不满存积在心头,越积越多,终于在某个时候忍不住爆发出来,发生激烈争吵。这也不足为奇。这种争吵向婚姻生活亮起了红灯,说明彼此的关系中有什么问题确实需要解决了。配偶跟你吵架,说明对你还抱有热情和希望,还十分在意你的言行举止;怕的是双方连吵架的兴趣都没有了,"悲大莫过于心死",夫妻感情在双方的沉默与冷漠中枯萎,这恐怕是最危险的信号和最折磨人的情境。从这个意义上讲,夫妻吵架应被看成是一种积极的行动,是急切的沟通要求,是改善夫妻关系、提高婚姻质量的好机会。

不过,夫妻吵架也似乎应遵循几条"游戏规则":

第一,不留积怨。即双方在吵完之后冷静地把问题谈清楚,把是非弄明白,力求达到真正的和解,越快越好。

第二,不以拒绝性生活去惩罚对方。历来有"夫妻吵架不过夜"之说。夫妻性生活是最好的和解机会,而性惩罚却容易伤害对方的自尊,并可能导致沉闷的僵局。操纵"房事大权"的妻子更应注意。

第三,不翻旧账。夫妻吵架只说当时、当次的问题,不要把陈芝麻烂谷子都翻腾出来,过去的事就让它过去。

第四,不要当着孩子的面吵架。面对父母争吵,孩子要扮演旁观者、裁判者、参与者的复杂角色,这是他们无法承受的。父母在争吵中那些不文明、不礼貌的言语,会损坏父母在孩子心目中的形象,降低威信,给日后教育孩子增添困难。

第五,决不动武。"君子动口不动手",这应是铁的规则。气头上出口不逊可以理解,但动拳头、施暴力就触犯了法律。而且,盛怒之下,拳头是不长眼睛的,打出个三长两短,必将追悔莫及。男人打妻子从心理上讲是软弱的表现,在外怕硬,在家欺软。将痛苦发泄在妻子身上是不成熟的表现。妻子也要理解丈夫,不然会形成"一个能说一个能打"的恶性循环。打架使争吵画上句号。

总之,夫妻吵架也是一门艺术,把握得好,就可能变坏事为好事。

第八篇
姻亲相处,你准备好了吗

第八篇　姻亲相处，你准备好了吗

98. 认识血缘关系与姻缘关系的差异

　　首先要明白，结婚不仅仅是两人之间的结合，而且使两个原本互不相干的家庭建立了特殊关系。男女双方分别作为女婿或儿媳加入到对方的家庭关系之中，难免有些矛盾。这种矛盾首先来自血缘与姻缘的差异。个人深深地植根于血亲网络之中，迄今仍是众多人生活中的事实。这种血缘亲属网络有着特殊的社会功能，如提供必要的物质帮助和心理支持，协助照料孩子和老人，满足感情上的需求，等等。这些功能往往是其他关系不可取代的，血缘关系在遇到意外困难、灾害和疾病时，往往起着至关重要的作用；除了具体的物质支援外，亲属之间感情上、精神上的抚慰和支持是最重要的。由于血缘亲情关系的天然性和密切性，一般说来不会在血亲之间产生大的利害冲突。因此，小两口结婚之后，每一方与自家的血缘亲属之间不会有特别的矛盾。这是认识血亲与姻亲差异的前提。

　　其次，要了解姻亲矛盾产生的文化心理因素。小两口结婚后，突然面对一群姻亲，如何与他们打交道，甚至怎样称呼他们，都成了婚前不曾仔细考虑过的新问题。要把过去称"伯父伯母"改口称"爸爸妈妈"，实在得下一番决心。许多结了婚的夫妻，长期不能在称呼上改口，弄得老人不高兴，从而影响姻亲感情，这是常见的情形。其次是利害考虑，总觉得姻亲从物质到精神都在争夺配偶一方，侵犯小两口的利益；此外，有些人轻视姻亲关系，常说"我嫁给他，又不是嫁给他全家"之类的话，以为可以把配偶与其家人分割开来，如果在行为举止上也表现出对姻亲的轻慢,定会造成对方及其家人的不满。

99. 处理好婆媳关系

　　姻亲矛盾最明显地发生在女人之间,婆媳、姑嫂、妯娌关系中的是非最多。这大概首先因为传统的男女分工即"男主外、女主内",使男人历来比女人有较大的活动空间。传统上,丈夫是家庭的供养者,因而也就有了主导地位,这是女人无法竞争的,他在社会上从事的职业也令妻子望尘莫及;而妻子在家庭这个狭小的天地里,却是个小小的"权威":锅碗瓢盆归她掌管,油盐柴米归她料理,家里的区区小事自然都由她说了算。儿子尚未娶妻时,母亲是家里唯一的"权力中心";一旦儿媳进了门,家里便有了两个"权力中心",她们无形中处于竞争势态。婆婆感到话语权、主导权都被削弱了,心里免不了别扭。她要求儿媳勤快、能干,侍候家人,但又怕儿媳取代自己的权力中心位置,于是就表现出"横挑鼻子竖挑眼",让儿媳处于"君家妇难为"的窘境。婆婆自己可能曾有过"多年媳妇熬成婆"的经历,对如何"训练"儿媳早有了一套想法,其实是一种"补偿"心理。虽然今天的婆婆一代已"开化"多了,不再像昔日的家庭妇女,并且有的在事业上亦是能人,但由于传统的女性心理仍多少有些残留,婆媳之间在家庭琐事上的矛盾是难以完全避免的。尤其是那些老少两代不得不住在一起或需要老人帮助照顾孩子而往来频繁的家庭,婆媳之间的"摩擦"更为常见。

　　婆媳冲突具有普遍性,可能还有如下几方面的原因。一是有的儿子有所谓"恋母"(恋子)情结,即母子之间有一种难以名

第八篇 姻亲相处，你准备好了吗

状的眷恋之情，一般不会由于儿子娶妻而使母子关系自动疏离。尤其是守寡的婆婆，失去了丈夫的情感支柱后，儿子可能成为她唯一的精神寄托和安抚源泉；如果是独生儿子，这种情感负担就更重了。这种情况，可能使丈夫处于"忠孝不能两全"的窘境，由此引起妻子的不满和小两口的矛盾。二是血缘关系与姻缘关系摆不平。儿子是"母亲身上掉下来的肉"，并由母亲一手抚养成人。这种血缘亲情的深厚，是任何其他关系无法相比的。而婆婆与儿媳之间，则是由于儿子成婚，使两个陌生的女人相识，她们之间不曾有过甘苦共尝、相依为命的亲密感情，自然比血缘关系疏远些，因而"一碗水端不平"的现象是极为常见的。三是母亲在儿子身上寻求回报的心理。母亲，尤其是那些传统的贤妻良母，把自己半辈子的心血投入到儿女身上，对女儿嫁人有所无奈，所谓"嫁出去的女儿泼出去的水"，无所要求；对儿子娶妻则不然，多少希望获得补偿或回报，既有感情上的，也有经济上的。此外，母亲对儿子还有一种不愿放弃的"责任感"，使她自觉或不自觉地干预着儿子婚后的事务。也许儿子对此习以为常，但儿媳却很敏感，嫌婆婆"事儿妈"，妨碍了小两口的自由，从而在内心感到厌烦或不满。

总之，婆媳关系难处，已是众所周知的现象。对此早有心理准备的夫妻，可能应付得自如些。

100. 处理姻亲关系应把握的原则

一般说来，充分的理解、沟通、体谅、宽容是处理好姻亲关系的基本原则。

夫妻结婚后，双方都不要以一种独占和自私心理促使配偶疏远其父母和家里的其他亲人。须知，二三十年的亲情关系，绝不可能因另一个人的出现而割舍；父母关心子女婚后的生活，希望看到他（她）健康、幸福，这是人之常情。父母把一生中宝贵精力和时间奉献给子女，他们希望子女在成家立业后心中不忘父母的养育之恩，甚至还能有所报答，这也是天经地义的事。无论儿媳还是女婿，都应理解对方父母的感情期待，不仅遇事要宽宏大量，而且在某些时候和某些场合，还必须作出让步或牺牲，特别是当老人患病或遭遇困难挫折时，更要倍加体贴和关心。

在姻亲关系矛盾冲突时，晚辈的忍让应是无条件的。家庭琐事，没什么原则问题，晚辈吃点亏、受点委屈，也是不值得计较的。父母曾经用无条件的爱来抚养子女，作为子女的配偶，用尊敬、孝顺和谦让来报答长辈也是应该的。与老人针锋相对、寸步不让，不符合我国尊敬老人的文明传统，也不可能真正解决矛盾。

当然，在解决姻亲矛盾中，血亲一方扮演什么角色是至关重要的。俗话说："会做丈夫的两头瞒，不会做丈夫的两头传"，即丈夫在婆媳之间应起调节、缓冲的作用，尽量"和稀泥"，在母亲面前多表明妻子对婆婆的感激和关心，在妻子面前则要多转达婆婆对儿媳的爱护与善意；作为妻子，在丈夫与岳父母的关系中也应扮演这样的角色，否则，就可能偏袒一方，加剧姻亲矛盾，最终也会危及夫妻关系。由于现代老人大多能健康长寿，两代人要共处或交往几十年，因此处理好姻亲关系对婚姻生活具有"长治久安"的意义。